湛庐CHEERS

与最聪明的人共同进化

HERE COMES EVERYBODY

成为超级学习者

HOW TO TEACH ANYTHING

[美] 彼得·霍林斯（Peter Hollins）著　　　张莉 译

北京联合出版公司
Beijing United Publishing Co.,Ltd.

你知道如何高效地学习吗？

扫码鉴别正版图书
获取您的专属福利

扫码获取全部测试题及答案
一起了解让学习更高效的秘诀

- 以下哪种学习英语口语的方式更高效？
  A. 通过角色扮演模拟在英语系国家可能遇到的场景，如在餐馆点餐
  B. 上英语语法辅导课
  C. 看英文电影
  D. 背诵大量英文单词

- 同一天重复阅读某篇文章 20 次的记忆效果远超 7 天阅读它 10 次吗？
  A. 是
  B. 否

- 让经验丰富的老员工给新员工做培训的好处是：
  A. 经验丰富的员工在教授他人的同时巩固了自己的操作技能
  B. 员工彼此接触更多，教授过程更放松，效果更好
  C. 老员工教授过程中可能会想起自己还是新手时的心情，更能理解新员工的困境
  D. 以上全部

扫描左侧二维码查看本书更多测试题

目录

HOW TO TEACH ANYTHING

第 1 章

成为超级学习者必须知道的事

想象一下，你的一个朋友向你请教一件你很擅长的事，他对此事一无所知，需要你来教。对此你会怎么做呢？实际上我们大多数人更喜欢做学生，向别人学，而不善于教。所以，当你遇到上述情况时，会发现一个有趣的点：你要从知识传递者的角度来看待知识。

在中学或大学，你可能遇到过一些非常令人喜欢的老师。那究竟是什么让他们在传授知识方面如此有效呢？如果你是一名终身学习者或自学成才者，或许会明白，一个人对于学习的理论认知、态度和方法是至关重要的。在本书中，我们将从老师这一特殊视角来探讨学习。

在本书中，我们不再重点探讨教育哲学或学校课程，而是要探索成为一名优秀的老师需要具备哪些最基本的素养，不管是为了提升你的课堂教学质量还是仅仅为了帮助朋友。更重要的是，成为一名优秀的老师可以让你成为一个更好的学习者，因为不断学习和获取知识本身就是十分有价值的。因此，我们将从教育学的基础开始，也就是从对教育和学习的研究出发，探索怎样成为一名优秀的老师。希望在读完本书之后，你能在常规课堂之外的其他场景中创造性地运用本书中所讲的基本原则。

1. 5 种关键的教学法

教学本质上是一种对话，在这种对话中，新的信息被老师传递给没有掌握它们的孩子。你采取的教学方法取决于你如何看待孩子、老师、师生关系、信息以及知识传递的规则。

要把自己所掌握的知识教给孩子，你可以从他们已经了解的知识入手，然后再一点点建构新知识。例如，你先讲一个基本原理，或者利用他们已知的概念知识来扩展和引入新知识，然后设置一个问题解决型任务，让他们参与其中，进而强化新知识的学习。

作为一名老师，你的角色实际上是**为孩子设置有用的“障碍”课程，让他们在消除障碍或解决问题的过程中学习新知识。**

该方法被称为建构主义教学法。这是一个讲解复杂概念的好方法，它之所以有效，是因为它从更小、更简单的概念中构建了这些复杂概念。孩子掌握了这个方法后，就会以一种结构化的方式继续学习。例如，孩子通常这样学习乐器：首先掌握音阶，学习乐谱的读法和乐器的基本操作，再对越来越复杂的技能进行组合。

如果你教的不是一个孩子而是两个孩子，你可以运用建构主义教学法，在孩子之间创造一个合作的环境。你无须以高度系统化的方式传授知识，而是要将孩子已经知道的知识作为基础，来传递你想教的内容。类比是一种很有用的方法，可以让孩子在旧概念的基础上构建对新概念的理解。

然而，建构主义教学法的一个缺点是它一般以单独的、非系统化的形式呈现。这使得有些孩子很难在不同的概念之间建立联系，导致学得不好。孩子需要系统化的讲授方式，他们更希望老师准确地告诉自己如何思考和理解某一概念，而不愿意自己构建对概念的理解。

此时，你可以采用另一种方法——综合教学法。你小时候坐在教室里上课时有没有想过，“我学的这一切有什么意义”？因为你不明白如何将这些课堂知识应用到现实世界中。假如你的老师当时采用了综合教学法，也就是以能够达到实用或应用为目的的方式来讲授新知识，也许你就不会这么想了。例如，外语老师让孩子通过角色扮演模拟他们在其他国家可能遇到的某些场景，如在餐馆点餐。

这种方法很奏效，原因是它将枯燥、抽象的知识放在特定的环境中，使其变得生动起来。如果孩子明白一节课的意义，以及它在现实生活中的实际作用，他们就更有可能受到启发并积极参与其中。这或许可以解释为什么你已经忘记了在高中学到的所有三角函数知识，因为你在日常生活中从来不需要应用这些知识！当然，也有可能是这些知识更适合采用综合教学法来讲授却未被采用。这或许可以说明，你非常喜欢的那些老师可能是运用了这一方法的人，他们会努力让无聊的课程变得切题、与时俱进和生动有趣。

回忆一下你在学校时的情景，有没有哪位老师经常说："现在分成 4 人一组。"有些孩子讨厌小组合作，但是老师总有充分的理由在课堂上或教室外采用协作式教学法。协作就是在小组中利用团队配合来分享学习的过程。一些教育研究人员发现，当人们一起做某件事情时，学习能力会获得提高。因为人类是社会性生物，与自己独自安静地坐下学习相比，和他人解释、交流、谈判、澄清甚至争论的过程能使话题变得更清晰。

通过协作的方式，老师可以让其他孩子来充当合作老师。**小组合作几乎可以保证小组中的每个孩子都能发挥自己的优势，展示自己的技能**，因此，每个孩子既可以在某些方面帮助他人，也可以在自己较弱的方面得到其他孩子的帮助和支持。在小组合作中，每个孩子都在自我修正和提高，此时，整体力量大于部分力量之和。在这种情况下，老师可以作为小组中的一员，或者更多的是作为一名推动者，负责创造小组成员能够团结合作的条件。

我们可以想象一下，协作式教学法被一所学校的老师们采用，其中一位科学老师要求孩子们针对某一概念采用小组合作的方式设计实验，并编写一份科学报告。这就要求小组成员们能明确各自的技能，进而承担相应的任务，在这个过程中，大家既通力合作，也希望彼此的技能和知识能助小组一臂之力。这种方法在课堂外也同样适用，许多人在教学时经常采用这种方法。例如，新员工不会操作机器，经理可能会让稍有经验的员工在他的监督下对新员工进行培训，那么这位有经验的员工就可以在教授他人的同时巩固自己的知识。与经理相比，这些有经验的员工在某种程度上同新员工接触得更多，同时他们还会想起当初自己不会操作机器时的感觉，也就更能理解新员工的困境。经理可以利用这一点，通过自然分享知识的过程来完成对新员工的培训。

另一种高效的方法是探究式教学法。顾名思义，这种方法将问题作为学习过程的核心进行探究。当我们思考一个问题时会问：这是什么？它是如何工作的？为什么会发生 X、Y、Z？接下来会发生什么？怎样才能从 A 到 B？这就是学习在我们头脑中自然展开的方式。这种探究式的方法在提出问题、找到答案以及两者之间的环节中起到作用。例如，你在点击“确认查询”时，页面展示出了问题、答案和得到答案所用的方法，这向孩子展现了整个操作过程。

你可以提出一个“结构化探究”，即给孩子提出一个问题，并给出解决方法，但让他们自己找到答案。你也可以使用“引导式探究”，即只是提出一个问题，让孩子自己创建方法以获得解决问题的方案。最后，你还可以利用“开放式探究”，即什么都不提供，不提供问题、方法或答案，让孩子自己设计这些方案。开放式探究是诸如蒙台梭利等教育方法的根基。在此方法中，不同年龄的孩子被分为一组，他们可以学习任何他们想学的东西，这使得孩子们可以根据自己的兴趣提出相关的问题，然后再自己想办法来回答这些问题。

探究式教学可以培养孩子自己去思考新问题的意识，而不是单方面依靠老师向他们灌输枯燥乏味的知识。在教学过程中你可以这样引导孩子：“如果我们以这样的方式解决了旧问题，那么我们该如何解决下面这个新问题呢？”也就是向孩子抛出一个问题和方法，推动他们自己找到正确答案。同样，你也可以在指导朋友时给他们三本书，让他们设计一个自己认为最能挖掘这三本书核心内容的问题，这不仅会促使他们寻求解决问题的方案和新方法，还会让他们从一开始就独立思考并提出问题。

探究式教学法有很多好处，比如它能激发孩子的好奇心，但它也有一些缺点，其中最大的一个缺点是，对于老师来说，采用探究式教学法来准备一堂课是有难度的。为讲授一个概念，老师需要设计一系列的问题和答案，这比采用其他方法来教学需要付出更多的努力。如果孩子回答不上来你为他们精心准备的问题，这种方法就达不到预期的效果。更糟糕的情况是，如果孩子思考速度较慢或有学习障碍，采用这种方法可能会让他们感到难堪，甚至会挫伤他们的自信心。

你也许会有这样的疑问：这些方法是否可以混合使用？答案是肯定的。实际上，这就涉及最后一种教学法——反思教学法，它将定期反思置于学习的中心。虽然上述方法都有其价值，但若不假思索，在不恰当的情况下使用它们，那任何一个方法都不会奏效。因此，反思教学法要求老师定期停下来，评估所使用的教学方式是否存在偏差，并做出相应的调整。

老师要经常反思：我现在所做的一切是为了让孩子学得更好吗？是服务于教学内容的吗？为什么是这样？为什么不是这样？怎样做会更好？新手老师常被

鼓励要勤于反思，因为作为一名老师，首先自己应该知道什么是有效的，什么是无效的，以及产生最后结果的原因。这种方法强调了一个重要原则：**教学的本质在于实用。**没有太难的题目，也没有太笨的孩子，只有不合适的方法。当你反思时，你会提醒自己教学只是一种工具，你可以而且应该尝试用不同的方法来实现最终目标，这会促使你不断尝试。但像探究式教学法一样，它需要老师付出大量的时间和心力为新的教学方法设计教学方案。

后面章节会在不同的情境中提到这 5 种教学方法。你要记住的是，尽管许多现有的教与学的理论是为传统课堂设计的，但这些理论和方法是通用的，不要让你的认知局限了它们的适用范围和应用方式。

2. 大脑的优势和局限

大脑不是机器。虽然它有时有点像计算机处理器，但它不是，它是一个生物实体，会在获取新信息或集中注意力等方面受到自然限制。许多承诺培养超人记忆力和超高效率的自助指南让人们产生幻想，以为只要我们足够努力，大脑就可以被重塑。事实上，如果我们在大脑的极限范围内工作，而不是与它对抗，我们就有可能学得更好、教得更好。所以，作为一名老师，你在利用大脑时要讲究策略。

只有当你给孩子和自己足够的时间、空间、耐心和足够的挑战来全身心投入学习时，我们介绍的教学方法才会奏效。**最理想的教学情况是让孩子的大脑处于平衡状态，让大脑既有充足的时间休息，又能整合新的信息。**因此，无论采取何种方法，无论学习的内容是什么，学习的量和强度都需要与孩子大脑的内在能力相匹配，不要超出大脑的极限，否则你的教学将毫无意义。

这有点像认知负荷理论模型。简单地说，这个理论就是提醒我们，大脑一次只能做一件事情，鉴于此，我们得优先考虑要做的这件事情是什么。心理学家约翰·斯韦勒（John Sweller）在 1998 年提出了这个理论，用它来解释大脑是如何接收、处理和存储新信息的。学习新知识时，你会使用工作记忆[1]来吸收信息，一旦信息被吸收，你就会以心理图式的形式将其转化为长期记忆[2]。

与回忆已经学过的和储存的知识相比，当你学习新知识时，大脑需要更多的认知能量，这就是认知负荷。就像你的肌肉对它所能承受的身体负荷有自然限制一样,你的大脑对它可以承受的精神负荷也有上限。也就是说，短期记忆[3]是一种有限资源，如果你想成

---

① 认知心理学提出的有关人脑中存贮的信息的活动方式。人作为一种信息加工系统，把接收到的外界信息，经过模式识别、加工处理而放入长期记忆。以后，人在进行认知活动时，由于需要，长期记忆中的某些信息被调遣出来， 这些信息便处于活动状态。它们只是暂时使用，用过后再返回长期记忆中。信息处于这种活动的状态，就叫工作记忆。这种记忆易被抹去，并随时更换。——编者注

② 系大脑的重要功能之一。主要由于条件反射、重复刺激与痕迹反射而形成，使大脑对获得的经验、知识、习惯贮存并记忆一定时间。——编者注

③ 对一些字句、对语、情景等知觉历经数分钟或数日后仍能忆出，但稍长时间后就不易忆起。 ——编者注

为最好的学习者或老师，就需要巧妙地利用自己所拥有的短期记忆。

一个提高学习或教学效果的方法是尽量减少认知负荷，即利用最少的认知能量获得最多的知识。如何做到这一点呢？试想一下，如果你要把一大堆石头从这个地方搬到那个地方，而你只有一辆小手推车，那方法很明显，就是慢慢搬，一次运一小堆。同理，你要对所学的内容进行处理，让其更容易被大脑吸收。如果你让孩子把复杂的事情分解成几部分来做，就是在改变大脑必须处理的内容以减轻认知负荷。

还有其他方法可以减轻认知负荷。你可以依照先后顺序，把注意力放在目前进行的阶段上，而不是想着一次消化所有内容。这意味着你要为孩子拆分内容。首先只考虑怎样开始，一旦完成了开始这个目标，再进行下一步，依此类推，一步步实现若干个目标。生物老师可以先向孩子展示生态系统中微小元素的运作原理，然后将其不断缩小，以展示更大的元素是如何与其他元素相联系的。也就是说，虽然整幅画面很难一下子理解，但是按照一定的顺序或以一个完整的故事来一步步讲述，就更容易理解了。

孩子要学习化学新概念，他会怎么做呢？他可能会拿起一本与化学有关的书去钻研，在阅读过程中不断遇到诸如“光学手征性”“光学异构体”之类的术语。他需要停下阅读去查找这些术语的意思，可在查找这些术语时，他会发现要理解这些术语，还需要搞清楚更多的术语。这里的问题在于，他在尝试正确理解这些概念的同时，还要正确理解与动用其他的概念。如此，工作记忆过载，而长期记忆不足，无法利用，那会出现的结果就是，大脑超载导致无法建立新的图式。

但是，如果你是老师，了解认知负荷理论，你就可以有意识地为孩子创造一种学习环境，减轻他们的认知负荷，并引导他们的注意力，帮助他们逐步建立有用的图式。例如，一位优秀的老师会说：“你需要先了解这个概念，再学习这个材料，在此基础上学习最后一篇材料。”

这个理论旨在观察大脑通常是如何学习新知识的，并有意地重建它们。

对这一理论有过研究的学者和研究人员往往在如何将其应用于课堂的问题上存在分歧。减轻认知负荷是否意味着向孩子提供现成的解释，让他们尽可能少地消耗认知能量，并以此来形成新的图式呢？这肯定会与许多老师的经验背道而驰，他们发现，提供部分解决方案可能更有效。此外，在考虑使用视听材料时会出现另一个困境——这些材料如果使用得当，会减少认知负担，但使用过度会增加认知负担。

但是，请记住，本书的写作目的不是设计更有效的学校课程，也不是对老师这一职业进行哲学思考，而是要将书中的原则为己所用，让你成为更棒的老师和学习的促进者。你可以从这个理论中得到最有用的启示：**当学习自然发生时，它是渐进的，是发生在相互建立的小单元中的。**此外，当你希望尽最大能力教学时，就需要找到能反映这种自然学习过程的方法，并在教学中运用它们。

对此，你需要密切关注认知负荷，你要考虑这些问题：孩子是否有足够的知识储备来利用？你是否一次讲授的知识过多？你该如何调整信息传递的节奏？这对孩子来说是一次颠覆性的改变，还是只是一个小挑战？

与人类学习相关的一种思维方式被称为信息处理模型，在这个模型中，大脑被视为一种计算机。大脑先感知信息，以此来判断这个信息是否值得关注，然后，人类将这些信息在短期记忆或工作记忆中储存几秒钟，如果不以某种方式将其存入长期记忆，它很有可能会消失。如果这个信息值得关注，下一步就是将这些信息编码并存档，以心理图式的方式储存在长期记忆中。再下一步便是检索，一般由特定的环境触发，大脑才会进行检索。

那么，你如何利用这一点成为更好的老师呢？让我们来看一个例子，假设你想让一群人知道使用某种产品的好处。

首先，你要找到一种方法来帮助他们在感官记忆中保留信息。也就是说，你要通过调动感官来帮助自己做到这一点，而感官中最重要的是视觉和听觉。为此，你要向他们展示这个产品并给他们分发一些产品，这样大家就可以触摸和感受它。你还可以通过口头介绍、视觉上的信息图表和其他材料来展示使用它的好处。不同的人需要调动不同的感官，才能学得更好。有些人需要调动听觉和视觉就能更好地了解产品，而有些人在调动触觉后才会对产品做出反应。

其次，你要确保感官记忆能转化为短期记忆。影响这种转化的因素是需要处理的信息量、孩子的注意力水平和个人的认知能力。如果你能较早地吸引孩子的注意力，就会激活他们的感官，帮助他们将感官记忆转化为短期记忆。

最后，将获取的这些信息转化为长期记忆。这可能有点棘手，但重复是关键。也就是说，寻找各种新颖的方式来表达同一件事，你就可以将最重要的部分植入孩子的脑海中。对此，你提供的信息要重点突出，并将所有内容分解为更小的、易于理解的模块，将它们与现实生活联系起来。

所以，如果你想让人们销售产品，就要强调哪些好处最受欢迎；如果你想让他们开始使用它，就要列举生活中的一些常见问题以及该产品将如何解决这些问题。这些都将帮助他们将信息储存在长期记忆中，确保他们在未来很长一段时间内都不会忘记。

认知负荷理论与信息处理模型给你的教学提出了一些建议。

了解大脑的“架构”及其运作过程，你就能优化学习。约翰·斯韦勒曾说：“工作记忆每次最多只能处理两到三条新信息，并保持 20 秒左右。”当你把某个信息从工作记忆转化为长期记忆时，这个信息就被留住了。所以，慢慢来。把信息分解成小块，慢慢地、持续地将它们输入长期记忆。在讲解时，要做到清晰、详细，列举大量实例，尽量将更多的概念与孩子已掌握的概念联系起来，以便他们更好地掌握新概念。

其他的建议还有，每学习 10 分钟或 15 分钟让孩子休息一下，因为无论在何种情况下，孩子的注意力总是难以保持长时间的集中，可以在休息时切换为另一项活动，而不是完全停止学习。为了让孩子能够持续地、积极地参与，你需要确保学习过程中充满新鲜感和活力。回忆一下前面介绍的探究式教学法，老师可以通过提出问题和给出提示来促进活动完成。需要注意的是，教学时间和孩子的注意力是有限的，你要向他们展示什么是最重要的、什么是应该关注的，进而推动整个教学过程。

要训练长期记忆可以采用以下几种方式：**将新材料与旧材料联系起来，或利用情境记忆，或对特定主题进行深入思考，或观察案例、实例及问题。**在操作过程中，为了减轻认知负荷，你要让学习变得简单和条理清晰。例如，将一小时的课程设计为 4 个部分，每一部分 15 分钟，针对每一部分画一个简单的思维导图来总结其学习要点。

你可以让孩子用大量的时间来琢磨和复习同一个知识点，因为对某一知识点思考得越多，它就越有可能被编码到长期记忆中。另外，让孩子也参与这些课程的设计或讨论，向他们解释你是如何组织概念和设计思路的；让他们了解自己正在学习的每个概念之间的关系，以及它们是如何产生联结的。记住，大脑喜欢关联：你在信息块之间建立的有意义的关联越多，日后大脑整理和检索这些信息的能力就越强。

3. 脚手架型学习

成为一名优秀的老师需要了解人们是如何自然地吸收、保存和使用新信息的。想一想，目前你所学会的任何技能或知识，很可能是你逐步学会的。专家也是从新手开始的,从新手成为专家是一个不断积累、逐步提升的过程，绝非一日之功。

这种从能力水平较低逐步提高的过程被称为“脚手架”。**它是用更小、更简单的单元精心构建复杂的**

心理结构。无论是老师还是孩子，学习如何使用“脚手架”都可以体会到它的好处，因为它是一种真正的可迁移技能，你很难想到在生活中有哪些领域不能适用于它。

作为一名老师，你使用“脚手架”的主要目标是简化。简化意味着减轻了学生的认知负荷，因为大脑在工作记忆中需要处理的只是一小块信息。一旦将信息存入长期记忆，大脑的思考就可以触达接下来的步骤、层级或单元了。

搭建“脚手架”的复杂系数会因为孩子的学习水平和老师的教学内容而有不同的呈现。例如，你可能会按照一系列的分级步骤来教孩子如何使用他们不熟悉的软件。

搭建“脚手架”就像为孩子提供心理支持和构建知识框架，以便让他们朝着更大的目标前进。即让孩子了解如何有效地使用整个程序：

首先，介绍基本知识：你先对这个程序进行简单介绍，再对它的基本原理和用途进行解释和说明。

其次，进行操作演示：孩子在一旁观察，你来操作程序，向孩子演示如何操作以实现特定的结果。

然后，建立模型：你可以构建一个包含你所共享的信息的模型，或展示之前的操作是如何组合在一起的。

接着，进行提问：根据之前演示的内容，你可以让孩子想想如何执行另一个相关的操作。你的演示会自然地引发另外的问题——如果孩子想执行一个稍微不同的操作，该怎么做？他们还能使用相同的技术吗？这样会推动你继续向孩子展示另一个更为复杂的操作，当然，前提是他们已经完全理解了第一个操作。

你可以在操作的过程中不断指导孩子，如“单击此处执行 X、Y、Z”“这样操作来导入文件”。

同时，在整个过程中，你还需要注意反馈和纠正：你可以先通过问孩子问题，看他们回答得怎么样，以此来推断他们的理解水平，然后温和而积极地向孩子提出纠正意见，让孩子回忆之前的知识或稍简单的概念来检查理解的情况；你也可以采用笼统性反馈，如告诉孩子“使用键盘快捷键会更快”或“你可能想尝试一个不同的设置”。

最后，利用任务重组：为了更清楚地向孩子阐述某个特定的知识点，你可以让他们在处理更复杂的任务之前先完成一些简单的任务，或者有意地忽略你所讲授的程序的某些方面；你还可以向孩子演示什么是不可以做的，这样他们就会明白为什么不能这样做。例如，你在操作程序时故意错误示范，让孩子看看程序是如何无法运行并最终崩溃的。

孩子可能会觉得这些步骤很复杂，但实际情况并非如此。“脚手架”在不失去其有效性的前提下可以是灵活的和自发的。这就像你在旁边提醒孩子放慢速度，再次通读句子，并在必要时帮他念出困难的单词一样简单。你可以鼓励孩子先学最简单的内容，一旦他们掌握了这些内容，就可以通过提出问题或给出提示和线索来吸引他们注意这些内容之间的联系。优秀的老师能够帮助孩子自己进入更复杂更有难度的学习层次，最好的教学设计的效果就是让孩子对知识充满渴求，让他们迫不及待地想进入下一环节的学习！

换一种思考方式，把“脚手架”想象成一个逐步移交给孩子的过程——**以老师为中心慢慢地发展到以孩子为中心**。这种方法可以概括为“我来做，我们做，你来做”，或者是“告诉我，帮助我，让我去做”。下面通过一个简单的例子——教别人如何烘焙法式蛋奶酥，来看看这三个步骤中的每一步是如何实现的。

4. 主导型教学——“我来做”

在你准备食谱时，让孩子仔细观察你是怎么做的。在这个过程中，你会主动地向孩子分享知识，给予指导，而孩子实际上是在被动地接受知识。你想向孩子分享所有的新概念、新技能和新信息，例如，你会说：“大家看到了吗？我用的是一个金属碗，它干净光滑，里面不能有任何油的残留物，否则就会破坏蛋清发泡的硬度，导致蛋清达不到烘焙要求的条件。”

在这个阶段，你要仔细观察孩子，确保他们熟悉新材料，并且知道这节课的学习目标是什么。你设定的学习目标要十分明确，即“今天我们要做一个完美的法式蛋奶酥”。你还要充分利用孩子之前学过的知识，提供有意义的和相关的解释，甚至举出实例。

5. 合作型教学——“我们做”

接下来，你需要采用“训练轮”的方式来提高孩子的参与度。此时，你仍会给予指导，但要指导的是孩子的实际操作。你让孩子用你教给他们的方法制作蛋奶酥，你在一旁观察，当孩子遇到问题时给予提示和纠正。这样就给孩子提供了一个机会，让他们自己练习一项新的技能并在头脑中检索已存储的信息。

但在这个过程中，你需要提供一些心理和认知方面的支持。

因为记住操作顺序通常会减轻认知负荷，所以一次只进行一步，并使用问题和提示来引导孩子进入下一步，比如："好了，现在该把它放进烤箱了……你还记得它要放在烤箱的哪个位置吗？为什么？"

鼓励孩子一步步来展现他们的理解或技能，老师对孩子一点点的鼓励和积极的反馈总是令孩子心存感激的！而错误也是过程中的一部分，它会让孩子停下来，调整和强化正确的方式。

6. 实践型教学——"你来做"

你的最终目标是让孩子在没有你帮助的情况下自己展示某一项技能或检索信息。到了某个时机，你可以不再使用"训练轮"来辅导孩子了。你让他们在没有你监督的情况下，从头开始制作一个完美的蛋奶酥。这样能让孩子有机会独立展示他们的进步，并将其与开始设定的目标进行比较。假如孩子最后制作出了一个看起来黑乎乎的炭球，显然，你该返回“绘图板”并搭建更好的“脚手架”了！

画重点

HOW TO TEACH ANYTHING

- 无论是在课堂内还是在非常规的课堂环境下，我们都可以利用这 5 种常见的教学方法让自己成为更好的老师。
- 建构主义教学法是从孩子已知的信息中建立知识和技能。为了将两个不同的概念联系起来，老师要将所教授的知识与孩子已知的知识进行联系，帮助孩子构建新知识。
- 综合教学法侧重于课程在现实世界中的实用性和适用性。新知识与现实语境的相关性越强，孩子就越有可能记住它。
- 协作式教学法利用小组成员之间相互合作的优势来促进学习，即让小组内的孩子吸取每个组员的独特观点和知识，以达到相互学习和共同进步的目的。
- 探究式教学法是通过让孩子设计问题、给出解决方案、找到答案的过程来指导学习，也可以将三者进行某种组合来指导学习。

- 反思教学法是为你面前的孩子量身定制最适合他们的教学方法，定期花时间评估哪些方法有效，哪些方法无效。
- 大脑不是机器。认知负荷理论告诉我们，大脑的能力是有限的，你需要有策略地思考，如何在最大限度学习的同时减轻认知负荷。这可以通过多种方式来实现，但这些方式都要尊重大脑的规律，不能阻碍大脑自然学习的过程。同时，你还可以采取一些策略来吸引孩子的注意力，刺激他们的感官，如让材料集中在特定的主题上，尽可能多地重复信息。
- “脚手架”是以实现微小而渐进的提升为原则，从更小、更简单的概念或技能中构建更大的概念或技能。这可以概括为“我来做，我们做，你来做”，说明老师是如何逐渐地将控制权和掌握权交给孩子的。

HOW TO TEACH ANYTHING

第 2 章

建立学习的全局意识

在所有这些关于搭建“脚手架”、制定目标实现计划、精心组建模型以便信息以可管理的方式进行传递的讨论中，你可能还想知道：谁来决定这些目标、步骤、模型呢？在上一章中，你知道了给孩子系统地传授新信息是很重要的，毕竟这是老师的职责所在。那接下来的问题是：最佳的传授方法是什么？

优秀老师的一大优势是具备对整体的洞察力。学生只能看到整体中的一小部分和不清晰的部分，而老师可以看到它的全部，并且理解每一小部分是如何与更大的部分联系起来的。事实上，正是这种对整体的洞察力让老师能够向学生传授有价值的东西，否则可能就是两个孩子笨拙地一起探索前方的道路了。

优秀的老师可以看到完整的图景，知道自己面对的是什么。这使你能够对任务进行优先排序，正确规划事情，设定目标。倘若你对教学还不熟悉的话，这可能看起来并不重要，但事实上，这是你作为老师要做的最重要的事情，因为它影响着你对教学内容的整体思考方式，以及你将其传授给孩子的方式。

如果你看到的图景不完整或不正确，那你给孩子指引的方向就是错误的，最终将影响他们的学习。也就是说，如果没有一份合理的路线图，你可能会迷失方向，发现自己杂乱无章或充满困惑，无法预测前方可能出现的问题或机会。从更基础的层面来说，你根本无法让孩子对你产生信心或信任，更糟糕的是，你可能教给他们的一些完全错误的知识。

如果你认为自己对某一领域了如指掌，是这一领域的专家，你就有资格去这一领域教书，那就大错特错了。虽然老师掌握了知识，但他们的主要技能是传授或交流那些知识。从某种程度上说，成为一名优秀的老师**不仅要对某一知识领域了如指掌，还要知道如**

何有选择地忽略与该领域不相关的内容，这样孩子才能更专注于这一知识的关键领域。

老师在教学时，本质上是构建了一幅不完整的、简化的景象，即一幅思维导图。这张导图经过精心组织、概括和设计，使得某些概念更容易被孩子理解。它包含的仅是所有知识领域中的一部分，这一部分与孩子当前所处的学习和发展阶段相关。这个导图虽是简化过的，但它必须能展示一个准确的图景。尽管有些细节可能会被省略，但整个部分不能被孩子发现是有错误的。

导图与领域的概念值得被深入探讨，因为当老师依据导图有条不紊地处理教学任务时，可以避免许多误解和困惑。一种行之有效的学习方法是将学到的新知识讲给其他人听，或者对自己刚刚阅读的材料做一个简短的演讲或演示。同样地，无论你在某一领域的学识多么渊博，如果你不能向一位非专业人士或一个10岁的孩子解释清楚一个与该领域知识相关的项目或想法，那说明你自己也没有真正理解这些概念。

没有什么比教别人更能暴露自己知识上的短板了！或者说，教别人会让你知道自己是否一直在不准确或不完整的导图和模型中学习。作为一名老师，如果你自己都不清楚这一领域的情况，毫无疑问，你就无法引导孩子进入这片未知的领域。优秀的老师在上课前会从复杂的图景中设计这门课程，他们知道最终的教学目标是什么，哪怕孩子并不清楚。

你如何为孩子制作好的导图呢？导图或心智模型可以被认为是一系列的联结。当你能够将孤立的观点、概念、事件或理论整合成一个更大的图景并将它们联系在一起时，就会拥有一幅更广阔、更有条理和更连贯的图景。你要及时将现在所学的知识与过去已经学到的知识联系起来，或者把所有分散的信息彼此联系起来。

1. 思维导图——让知识产生联结

教学的美妙之处在于你永远不会“从零开始”。

每个人，包括作为老师的你，都掌握了一些至少可以用来与新知识建立联系的旧知识。将旧知识与新知识联系起来有两个功能：**它能让人们更好地理解和记住新知识，也能让你有机会去准确地评估孩子的理解水平以及他们目前的理解是否到位。**

地图能发挥作用的前提是你知道自己当前所处的位置，同样地，如果你不知道孩子的起点，你就无法为他们设计路线。要确定这一点的方法是通过简单的问题来衡量孩子的知识水平。他们已经知道和理解了什么？他们如何设想自己的学习路径和最终目标？他们认为自己最重要的需求是什么？为什么？让我们想象一个例子，你尝试帮助你的弟弟完成物理作业。

在提供帮助之前，你需要了解自己的困难在哪里。如果能够系统地分析困难和问题，你就会构建出一个简单的课程计划。你可以针对弟弟正在努力学习的内容在纸上画出一幅思维导图。

在思维导图的中心，你可以先写上“第9章”或“磁力”，然后画出不同的分支来标明在这个主题下需要理解和整合的不同方面的知识，尽可能地在这个主题的分支之间绘制连接线以表明它们是相互关联的。一旦画出一张简单的思维导图，你就可以看到误区、发现问题。你可以让弟弟指出哪些部分对他来说最为困难和最具挑战性，并告诉你哪些部分他感觉相对容易，哪些部分他已经完全理解了。

如此，你就为自己开辟了一条指导弟弟的道路。你是不是能画出一条从已知到未知的路径，并找到从一个小步骤到另一个小步骤的方法了？这样你或许会发现前一章中关于磁力的某些概念完全缺失了，这导致弟弟很难掌握当前主题的某些内容。

许多人不喜欢用思维导图，因为它看起来简单而毫无意义。但简单正是它的力量所在。有时候，你要把它画在纸上才能看到其中的联系或联结。注意，不要只在思维导图上标示自己需要学习的内容，还要标示已经学习的内容。这不仅可以帮助你了解哪些方面需要强化，还可以让你开始制订新的学习计划。

问问弟弟他认为哪些内容有难度，这样你就会判断出他觉得磁性很难掌握是因为他对电荷的认识不够，他没有正确地理解原子结构，即他没有理解原子的电子和整体电荷之间的关系。知道了他的症结所在，你就可以规划一个路线图：首先强化弟弟对原子结构的理解，再转向电荷，然后一个接一个地解决与磁性有关的所有问题。这个路线图要从他已经有所了解的知识开始，然后逐渐转向最具挑战性的知识。

这张导图对你们双方都有帮助：**弟弟以一种更容易理解的方式解决了他的疑惑，而你可以整理思路，集中注意力，继续引导他朝着最终的目标前进。**对于孩子来说，让他们看到正在学习的知识或技能的规模是有限的且处于更大的知识图式内，这是很棒的。孩子通常会因为以下原因而放弃对某一个概念的学习：他们不知道自己对哪些方面还不了解，无法将任何单一的练习或解释与更大的图景联系起来，因此会认为这项学习毫无意义。

在整个过程中，旧知识被用于支持和导入新知识。你要先问自己："我已经知道了什么？"要从已知开始探索未知。同样地，一旦你了解了孩子已经知道的知识（思维导图是帮助你了解此问题的众多方法之一），你就可以利用他们已有的知识，采用多种有效的方式来教他们。其中一种方法就是对孩子已经掌握的内容提出质疑。如果这个方法用得好，它会很容易成为吸引孩子的注意力、培养孩子的好奇心、激发孩子学习更多知识的最佳途径，因为孩子会发现他们不像自己以为的那样了解已有的知识。

我们来看看如何实践这一方法。例如，你正在教一门关于国家及其民族的课程。

在第一节课上，你要求孩子提交一篇关于"我眼中的祖国"的短文。在下一节课上，你首先给出一些常见的答案，并让一些孩子详细阐述他们的想法；然后，针对孩子的阐述指出他们的问题所在。这并不意味着你要证明他们错了，而是要让他们认识到知识上的欠缺。

孩子可能会说一个国家就是生活在某个地方的一群人，那么你可以问问他们，和几个朋友在某个地方定居是否可以称该地区为一个国家。另一个孩子可能会说国家是指具有相同种族的人的集体，那你可以指出许多国家都有不同的种族。请注意，你并不是说这两个定义都是错误的。实际上它们是正确的，因为国家确实是由生活在某个空间中的人们组成，这些人通常有相同的种族。但是，通过展现这些定义是不完整的，你就可以督促孩子修正他们已有的知识，并以一种巧妙的方式给孩子补充新知识。

2. 费曼技巧——找出认知盲点

当你在学习中从已知走向未知时，向自己提出问题的能力是元认知或思考的关键部分。“询问”只是方式，它的重点在于让你看到一条信息背后的全貌。

费曼技巧是进行自我讨论的另一种方式。它是诺贝尔奖得主、著名物理学家理查德·费曼（Richard

Feynman）创造的一种心智模型。费曼被称为“伟大的解释者”，因为他几乎能向所有人清晰地阐述诸如量子力学之类的深奥主题。在《费曼最后的讲座：太阳的行星》（*Feynman's Lost Lecture：The Motior of Planets Aroud the Sun*）一书中，戴维·古德斯坦（David Goodstein）写道，费曼擅于用简单、形象的术语解释复杂、抽象的概念，并为此感到自豪。这源于费曼在普林斯顿大学读书时所用的学习方法，他在担任物理学教授之后对这种方法进行了改进。

这种方法还可以帮助你衡量自己对某一主题的理解程度。如果使用恰当，费曼技巧将证明你是真正地理解了这个主题，还是忽略了某些重要概念。这个技巧几乎适用于所有你能想到的主题，让你看到知识中需要弥补的空缺。

费曼技巧可以帮助你了解自己无法回答的问题，这就是它的作用所在。你需要做的就是诚实地回答自己提出的问题，然后很快你就会确定你的注意力要集中在哪里。它包括以下四个步骤。

第一步：选择一个概念。基于费曼技巧的应用性很广，我们就选择一个物理学概念“引力”来做示例。例如，你想要了解引力的基础知识，或者向你的朋友解释引力，或者你想知道自己对引力的理解程度。

第二步：用简单易懂的话写下你对这个概念的解释。你能做到吗？要想解释越简单、越简短就越难做到。但这一步十分重要，因为它将准确地显示你对“引力”这一概念掌握了多少，还有哪些地方没有理解。如果你能将这一概念浓缩为两句话——一个5岁小孩都能理解的话，说明你对“引力”这一概念就有了一定的掌握。如果无法做到，就说明你的理解存在知识漏洞。

回到“引力”这个概念，你会如何定义它？引力是指具有质量的物体相互靠近的趋势吗？引力是使物体向地面下落的力吗？天体系统是因为引力的作用而形成的吗？你能给出这样的解释吗？还是你只会说：“嗯，你懂得的……这就是引力！”

你也许能解释引力作用下的物体会发生什么以及失重时会发生什么，你也许还能解释引力的成因，但原因和结果之间的关系可能是你自认为知道但却在学习中常被忽略的地方。你的解释是从哪里开始站不住脚的？如果你不能弄明白这一点，那显然你对它的了解没有你想象的那么多，你就很难向孩子解释清楚它。如果你的解释冗长、杂乱且偏颇，孩子理解起来同样很难。巧妙的是，这就是为什么给孩子讲解知识或传授技能是你促进自身学习的强大路径。它迫使你重新审视自己所学到的知识，并要求你要以一种让他人也能完全理解的方式将其传授给孩子。

第三步：找出盲点。如果你无法在上一步中对引力进行简短的描述，那么很明显你的知识存在很大空缺。这促使你返回去继续研究引力，学习大量有关引力的知识，直到能够用简单的方式描述它。你可能会想到这样来解释：“引力是由于物体的重量和质量存在不同，导致较大物体吸引较小物体的力。”任何你无法解释的东西都是你必须弥补的盲点。

能够以简单的方式分析信息、分解信息，可以证明你具备相关的知识，并对其理解到位。如果你不能用一句话甚至不能用简明扼要的方式来概括这个信息，那就说明你仍存在需要学习的盲点。这是费曼技术能够证明的，这点不容置疑。

你现在就可以尝试解释一下某个看似简单的概念吗？你真的能做到吗？在解释的过程中，你能发现自己对某个知识理解得不到位吗？例如，为什么天空是蓝色的？电视遥控器是如何工作的？闪电是怎么出现的？云是由什么构成的？消化是什么？

也许你能从浅显的层面回答出来这些问题，但接下来你要怎么向他人解释呢？

第四步：使用类比。最后，为这个概念创建一个类比。这一步实际上是第三步的延伸。在不同概念之间进行类比**需要深入理解每个概念的主要特征，你甚至要将这种理解迁移到不同的语境中**。这一步将真正考验你的理解力以及你在某个方面是否仍然存在知识盲点。

用什么来类比重力呢？重力就像你把脚放进一个水坑里，水面上的叶子被它吸引，因为你的脚有一种无形的吸引力。这种吸引力就是重力。这一步将新信息与旧信息联系起来，让你借助一个有效的心智模型来更深入地理解或解释这一概念。当然，如果你不能完成第二步和第三步，你就不可能完成第四步，但如果你完成了第二步和第三步，却无法完成第四步，那你就能清晰地知道自己的知识边界在哪里了。

费曼技巧是快速检验自己所学和所会之间的差距的一种方法，它能帮助你巩固自己的基础知识。当你想要解释和简化某一概念却发现自己做不到时，你就明白了你知道的并不像自己以为的那么多。

3. 概念图——扫掉认知盲点

当你试图理解你的认知盲点时，没必要过分拘泥于画一张纸质的思维导图。你在视觉上和概念上组织材料的方式取决于当前研究的主题，思维导图或许并不总是最合适的。但几乎可以肯定的是，你的主题可以分解为更小、更简单的子单元，这些子单元之间有意义地联系在一起。

你能随意选择一种分类方式或按一定的步骤来帮助自己更有条理地组织信息吗？你能透过不同的视角、根据不同的层级或建立不同的模型来解释这个主题吗？要掌握更大、更复杂的概念，你需要先掌握哪些简单的概念呢？例如，如果你在讲解光合作用，你可能会注意到，要理解光合作用的过程，你既要很好地理解其所涉及的化学过程，也要了解发生这些过程的细胞内部的生理结构，最后，你还需要用一种方法将化学过程和细胞的生理结构联系在一起。

你绘制的思维导图或大纲可能包含一个表格，它清楚地展示了光合作用发生的各个阶段、发生的顺序以及发生在细胞的哪个部位。这样做不仅可以展示你的授课成果，还可以在最后为孩子提供有用的总结供他们以后学习。

然而，如果你教别人如何从头开始制作婚礼花束，那显然采用的方法会有所不同。虽然某些技能和知识不是我们通常认为的学术知识，但那不代表老师不能采用有条不紊的方法来讲授这些知识和技能。你可以与孩子坐在一起构建一个简单的概念图，首先概述你的总体目标，然后将目标分解成可构建的逻辑序列——先勾勒出花束的“骨架”，再填充不同类型的叶子，之后按照锯齿形的样式添加较小的辅助花朵，再引入重点花朵，依此类推。

重点是你的概念图能够清楚地显示不同子单元之间的连接或关系。这就是为什么要让孩子把所有的东西整合成一个统一的整体。在教学中，有效的概念图没有标准的公式或规则，因为教授的内容是各种各样的，每一个都是独特的。那么，当你准备教孩子的时候，如果想讲得透彻且条理清晰，就问问自己以下几个问题：

- 你是否将新知识真正分解成可理解的小单元了？你还能进一步分解这些小单元吗？
- 你是否展示了这些小单元之间的关系？例如你是否说明了它们之间的层次结构？
- 你是否做到了尽可能地清晰和简单？
- 你的概念图是否指向了某个特定的目标，即你心里是否有一个明确的终点？
- 你是否能看出每个子单元与该终点之间的关系？
- 你的计划中是否有空缺呢？换句话说，你是否对孩子已经知道的内容做出了假设？
- 你的计划中是否包含了孩子已经知道的内容？并且你是否在这些内容与他们尚不理解的内容之间建立了联系？

如果你让孩子自己生成这种概念图，他们不但会专注于他们所关注的领域，还会在绘制导图的过程中为你提供方向。尝试构建概念图本身就是一种学习体验，你可以在纠正和微调孩子的概念图的同时展开教学。毕竟，许多孩子遇到的问题不是关于信息本身的，而是他们如何将孤立的信息整合为一个整体。

概念图是极有价值的。孩子可以用它来提出、验证他们的假设，或做出预测。也就是说，概念图既可以帮助他们构建知识、促进探究，还可以帮助他们巩固理解并强化技能。如果主题不实用，孩子还可以进行头脑风暴或提出假设性问题，你会发现，这是探究式方法的一种变体，在这种方法中，孩子使用概念图生成自己的问题、自己的答案、自己获得答案的方法。例如，你教孩子如何焊接。

概念图的部分内容可以包含焊料由什么制成，焊料为什么由这些东西制成。孩子在此基础上做出一个预测：改变焊料的成分会改变它的熔点，进而影响它的使用方式。他们可以自己试验，看看会发生什么，以及最后的结果是否同样适用于不同的基础材料。这样做时，孩子实际上是在自学焊料、熔点以及它们两者之间的关系。

这就是综合学习或情境学习通常如此有效的原

因，因为它使孩子**能够快速、轻松地在杂乱的信息之间建立有意义的联系**。他们知道的不光是某一点，而是从内向外地理解它的全部。下次孩子遇到劣质焊料时，他们可以更准确地诊断出问题，甚至可以根据其外观预测焊料的成分。从本质上说，他们已经将自己的思维导图内化了，可以自己利用概念图来探索主题，而无需老师的帮助。这就巧妙地把他们带到了另一个重要的有助于理解的建立联系的角度：进行类比的能力。

4. 类比思维——提高学习效率

作为一名老师，除了教学，你也需要持续学习。而除了使用不同类型的类比来提高你对学习内容的记忆外，在学习时你还可以采用一些有科学依据的技巧来进一步提高类比的有效性。这些技巧包括：

（1）对同一主题使用多个类比

在学习中使用不同种类的类比能确保你深入理解并掌握了学习的内容，而不会流于表面，这一点不言自明。类比迫使你在思维上进行转换。根据类比种类不同，它会以各种各样的方式挑战你对关键概念的理解。一般来说，应尽可能多地用与主题相关的内容进行类比。

（2）用实例不断强化学习

这一理念来自丹尼尔·施瓦茨（Daniel Schwartz）和约翰·布兰斯福德（John Bransford）的研究。使用实例是很重要的，因为它可以帮助初学者通过对这些例子的了解来进行学习。专家可以跳过实例，因为他们已经非常了解主题了。但在大多数情况下，实例可以帮助你理解复杂的概念，让你更有效地记住这些概念。

如果你正在学习道德体系，请注意这一体系所适用的不同情况。当你不想和朋友说话时，你应该对他们撒谎说你很忙吗？为什么应该这样做或为什么不应该这样做？如果你要把一个馅饼分给三个人，最公平的切法是什么？诸如此类的例子会让你的学习更加生动，因为它们会让枯燥的内容与现实世界、与你周围的世界联系起来。

（3）记住类比的目的

通常，你很容易运用类比来机械地理解特定的概念，但却忽略了为什么这个类比是恰当的。例如，你问一个孩子什么是线粒体。他们会说“线粒体是细胞的动力车间”，因为这是生物学教科书中的标准类比。然而，许多人虽然记得这个类比，却不明白线粒体作为细胞的“动力车间”意味着什么。

避免这个问题的一种方法是在构建类比时要明确比较的目的或作用。他们要想一想它必须具备什么功能才能成为细胞的“动力车间”，即它必须为细胞提供电力，更准确地说，是提供能量。

第二种方法是列出类比的一些缺点。将线粒体类比为“动力车间”意味着线粒体只是储存能量，但实际上它还负责提取、处理和向细胞释放能量。

所以，仅仅记住这个类比是不够的，你必须知道为什么这个类比是恰当的。

（4）在更难的概念上使用类比

虽然在整个学习过程中使用类比可能很吸引人，但是建议你将其用在更复杂的概念上。因为，孩子经常发现使用类比来理解简单的概念和信息会导致思维混乱。当某些内容很容易理解时，你不需要进一步分解这些内容来使孩子很好地记忆它们。把精力放在更难的概念上，尤其是你要用多个类比来解释同一个概念。

列出你使用的所有方法，列出每种方法的缺点，并尽可能地使用视觉进行提示。根据多媒体学习认知理论[①]，同时使用视觉线索和文本线索是加强记忆和理解的好方法。你也可以在学术类比格式的左侧对你的类比进行适当的比较。这会让类比的主要组成部分之间的关系更加清晰地表现出来，而无须过多地重复阅读。

你可以更深入地探究一种特定类型的类比思维。你会如何向对某一领域一无所知的人解释一项新业务呢？比如，除了 A、B 和 C 三个方面，它就像 X 领域的优步（Uber）。当你试图让自己理解一个观点时，通常会默认采用类比的方式。类比能让你即时理解并提供语境，因为你的思维能够专注于一个单一的概念，然后慢慢分化到自己要理解的观点上。

毫无疑问，通过类比将新概念和信息联系起来是

---

① 多媒体学习认知理论由美国当代教育心理学家、认知心理学家理查德·迈耶（Richard · E. Mayer）在其书《多媒体学习》中提出。迈耶认为“按照人的心理工作方式设计的多媒体信息比没有按照人的心理方式设计的多媒体信息更能产生有意义的学习”。——编者注

另一种将学习融入知识库的好方法。人类天生就善于运用类比，但是类比作为人类认知的重要组成部分被低估和忽视了。而一些神经科学家，如印第安纳大学教授道格拉斯·霍夫施塔特（Douglas Hofstadter）断言类比是所有人类思想的基础。

他持有这种观点的原因是，类比可以让人们理解事物的不同类别，而类别正是我们区分概念和信息的方式。正是我们识别相似点的能力——用一种类比的形式，使我们能够辨别相似之处，从而以不同的方式对事物进行分类。你想一想我们是如何给动物分类的，这就不难理解了。在没有经过训练的人看来，狗和猫可能看起来非常相似。它们都有皮毛、四条腿和一条尾巴，但它们在外表、饮食、行为和进化方面的不同使我们能够将狗和猫区分开来。这两种动物是可以进行比较的，它们有相似之处，但它们更接近自己所属的物种，这是我们能将它们分别归入狗或猫的类别的原因。这意味着我们永远不会用狗来描述猫，反之亦然。

更复杂的、更高层次的概念也是通过类比形成的。想一想更为抽象的哺乳动物群体。上一组将狗和猫进行比较，认为它们是相似的动物，但这一群体还应该包括鸭嘴兽、海豚和负鼠等多种动物。没有人会认为海豚和猫很像，但科学是有根据的。将动物归为哺乳动物的唯一标准是有哺乳期、体表有毛、是温血动物，如果具有这些特征，就是哺乳动物。将这些标准结合在一起，就形成了更高层次的哺乳动物这一概念，这让我们能够辨别哪些生物符合要求。我们提炼出哺乳动物这一概念的标准使我们相信海豚和鸭嘴兽彼此有相似之处。

随着年龄的增长，你在生活和文化中不断接触新的思想和观点，对事物的理解以及用来描述世界的类比也在不断发展。但无论你在学习什么，它都必须经过大脑的过滤，大脑通过形成类比、辨别事物和概念之间的差异来对世界进行分类，从而理解这个世界。当你通过学习新知识并有意识地区分不同属性来创建类比时，就加快了将新知识整合到大脑中的过程。

既然你已经知道了类比的整体认知作用和重要性，那么如何利用它来帮助自己高效地学习和理解知识呢？正如前面所提到的，类比提供了即时的情境，也就是你看到信息时形成的心智模型，接下来你需要慢慢地区分并充实细节。例如，前面提到，新业务经常被描述为“X领域的优步”。

优步是一家拼车公司，你打电话给非出租车司机，司机开自己的私家车来接送你。因此，任何被称为“X领域的优步”都暗示着人们开着自己的车，接送人或运送物品。好的，你现在有了一个心理图式——很好地解释了它所涉及的内容、目的以及它是如何运作的。接下来重要的一点是，如何将这项新业务与优步本身区分开来？它与优步之间有什么细微的差别？这些差别，以及你将新业务与什么进行比较，都取决于你如何来表达了。

当你获取了一条新信息并试图找到一种方法来对其进行类比时，你要先找到一个相似的信息模型，确保你能足够理解，然后再来对比这两个概念，并进一步发现二者的不同之处。这样更深层次的学习就产生了。如果你想创建一项新制度，该如何对它所涉及的步骤进行类比呢？遵守以上两个步骤。创建新制度会提示你，你首先需要找到一项现有的、熟悉的制度，并在你的记忆库中搜索类似的东西。这种对主要因素和次要因素的分析有助于你的学习。然后，它们有何不同？你可以基于深刻的理解清楚地展示概念之间的差异。找出这些小差异，并注意它们虽相似却存在完全不同的根源。记录下这一切对于创建新制度有重要的意义，因为，这不仅仅是比较两个不同概念的思维练习，它还将新信息与旧信息结合起来，促使它们相互作用，以实现更好的理解和记忆。

画重点
HOW TO TEACH ANYTHING

- 优秀的老师知道如何“看到前方的图景”，他们对学习领域的理解使他们能够设定目标和参数，确定任务的优先级和制订任务计划，并评估孩子当前的理解程度。
- 思维导图是更复杂概念的简化模型，它可以清楚地标示出不同概念之间的联系。孩子和老师都可以通过绘制思维导图来找出知识差距、规划课程、学习课程并评估学习的有效性。
- 概念图由简化的信息块或信息片段组成，可以突出这些信息之间的关系或联系。一幅好的概念图能展示相关性，是简单、准确的，并且借鉴了现有的心智模型和知识。
- 一旦你确定了孩子已经知道的知识，下一步就是计划如何利用这些知识。在某些情况下，这很容易，因为你只需要教他们一些概念，帮助他们理解你想教他们的主题。不过，你也可以将概念图的使用与探究式教学法相结合，并对孩子已经知道的内容进行提问，以激发他们的好奇心和求知欲。

- 费曼技巧是一种大局观技术，它让老师和孩子都能认识到自己的知识盲点。首先确定一个概念，再用简单的文字写下对它的解释，然后找出解释失败或知识缺失的地方，再使用类比来填补空缺，即使用已有的心智模型来更好地理解新知识。
- 类比有助于学习，因为它将旧知识与新知识联系起来。可以用反义词、类型或特征进行类比，每一种都是用已经理解的概念来表达一个新的概念。类比的使用越多越好，因为它会启发更高层次的抽象思维。

HOW TO TEACH ANYTHING

第 3 章

掌握5种有效的学习方法

前两章介绍了要想成为优秀的老师应该采用的基本原则和理论方法。或许你对它们已经有所了解，可你更想知道它们在实践中如何具体地应用。在本章中，我们将**深入探讨教学的实践方面，研究将教育理论应用于实践的常用方法和技巧**。当你阅读本章时，请记住，无论你是老师、家长还是学生，方法和技巧都是相通的。

本质上你是从老师和孩子两个不同的视角来看待同一个过程的。无论你是想学习某一知识，还是想帮助别人学习它，如果你从这两个不同的视角对知识理解得越透彻，你就会越有经验。事实上，这也是为什么很多老师培训项目时故意让实习老师扮演孩子的角色来进行练习，因为，这样老师可以更好地理解他们的教学对象，更有效地跨越鸿沟。现在，我们来深入了解这些方法吧。

1. SQ3R 方法

对于绝大多数学校的科目来说，教科书是学习计划的核心，其次是讲座和讨论。一位老师一年的整个教学计划通常是根据教科书的结构和顺序来安排的。这些书的数量往往多得惊人。用书的数量乘以一个孩子每个学期的课程数量，孩子的书包就会严重超重——这个重量几乎和老师对孩子阅读每一本书的期望一样重。

教科书的内容密集、详细、注释繁多、篇幅较长，很容易让人联想到这样的画面，一个孩子在深夜匆匆读完一本 349 页的巨著后，变得疲惫不堪，这导致他无法记住第二天早上正在学习的内容。

为此，美国教育家弗朗西斯·P. 罗宾逊（Francis P.Robinson）开发了一种方法，旨在帮助孩子从他们所阅读的文本中获得最大程度的理解，也就是真正理解他们正在学习的主题。罗宾逊研究了一种使阅读更加有效的方法，也就是帮助孩子与书籍建立动态的互动，从而让信息存储在孩子的脑海中。

传统的阅读和反刍式的课堂设置当然不是最有效的，但它是我们大多数人所知道的唯一模式。罗宾逊的方法不仅适用于阅读，还适用于你的整个教学计划以及你的自学。这个方法叫作 SQ3R 方法，它有 5 个组成部分：

- 浏览
- 提问
- 阅读
- 背诵
- 复习

（1）浏览

该方法的第一步是大致了解你将要阅读的内容。教科书和非小说类作品不同于小说或叙事文学。在读小说或叙事文学时，你可以从头开始，慢慢读完每一章。而优秀的非小说类作品以清晰易记的方式来传递信息，每一章的内容都建立在前一章的基础之上。如果你没有事先浏览就一头扎进书中，那你就是在盲目地阅读，不知道自己的学习目标和任务是什么。在深入研究第一章之前，你应该先了解一下整本书的大体情况。浏览可以让你大致了解全书的主题，这样你就可以建立和设定你想要通过阅读此书来实现的目标。

这就像你在开始公路旅行之前需要查看整个地图一样。你目前可能不需要所有的知识，但从整体上来了解所有内容，以及观察它们是如何组合在一起的，将有助于你处理小细节，摆脱困境。

在 SQ3R 方法中，浏览意味着查看作品的结构：书名、引言或前言、章节标题、章节内标题和副标题。

如果这本书有图片或图形，也浏览一下。你还可以注意一下这本书用来引导你阅读的书写惯例：字体、用粗体或斜体突出显示的文本，以及章节目标和研究的问题（如果有的话）。在进行浏览这一步骤时，你会对你将要阅读的内容设定期望，并为自己提供一个初始框架来构建阅读材料的目标。

假设你正在阅读一本书以了解更多关于地质学的知识。我碰巧有一本约翰·S. 谢尔顿（John S. Shelton）写的《地质学画报》，这本书大约有 50 年的历史了，它已经绝版了，但我们可以用它来阐述如何进行浏览这一步。

这本书的序言描述了书中的内容与插图的排列方式。它的目录非常丰富，包含“材料”“结构”“雕塑”“时间”“案例历史”和“启示”几个部分。这告诉我，这本书将从具体的地质元素开始，然后依次讲述它们是如何随着时间的推移形成的，有哪些重要的事件，以及人们对未来的预测。这样就能很好地猜测本书的行文脉络了。

这本书由数个章节组成，章节由大量的标题和副标题组成，里面的标题太多了，这些标题对每一部分的内容进行了细致入微的总结，此处不再赘述。当你浏览标题并了解当前所学内容的重要性时，你就能更快更好地理解这些内容。这就是孤立地查看单个齿轮与查看它在复杂时钟中的位置和工作方式的区别所在。

除了书本外，如果你想学习一门学科，你需要浏览这门学科中的所有重要概念。如果你无法在诸如书籍目录之类的结构中找到它们，那你需要自己创建。是的，这很困难，但是一旦你能够列出所有概念，而且至少能从表面上理解它们之间的关系，你就已经超越了其他人。从某种意义上说，采用浏览的方式将你要学习的内容形成大纲，更像是你在为自己策划一本抽象的“书”。

你需要根据将要学习的内容构建一个大纲。由于你是自学，那么你可能在你认为需要学习的内容上存在偏差。因此，在这个阶段，你要尽可能地明确你想学习什么。

如果你想学习心理学的所有知识，那将需要花费大量的时间。这不可能一蹴而就。你可以将目标再具体一点：比如，学习精神分析的早期历史、弗洛伊德和卡尔·荣格的作品、运动心理学、发展心理学等，以及很多其他方面的知识。

你需要注意出现在不同来源中的短语或概念。因为它们代表了你所选择的学科领域中经常出现的信息，并且可能是你必须了解的内容。在深入研究任何概念之前，先明确它们之间的联系和因果关系。

假设你想研究欧洲电影史。在搜索引擎中输入“欧洲电影史”会出现很多有趣的结果，其中一些信息可以用来形成你想要的大纲。首先你可以在网上查找阅读材料，搜索那些具有权威性的材料。一些电影数据库可以帮助你找到一些重要的欧洲电影，你会发现哪些欧洲导演被提及的次数较多，这说明他们可能是权威的、具有影响力的。你可以研究哪些欧洲电影的评分较高，及其背后的原因。你还可以收集一些材料，了解哪些国家发生了哪些电影运动以及发生的原因。

然后，你要组织整理这些材料。你要制订一个计划来研究每份材料——也许是学习一本关于早期欧洲电影史的书的一个章节，看几部代表你所处时代的电影，再给自己布置一个影评任务。

目前你只需要专注于收集和组织资源，不需要深入了解这些资源。最重要的一点是，在深入研究这个主题之前，你已经浏览了这个主题，从而知道你将要研究什么以及你想要研究它们的原因。

（2）提问

SQ3R 方法的第二步，仍然不是研究最深入的步骤。在这一步，你会更深入地思考，让你的注意力更加集中，以便与你正在阅读的材料进行互动。你将仔细地浏览这本书的结构，提出一些你想要回答的问题，或者设定你想要实现的目标。

在阅读一本书的提问阶段，或者更准确地说，在准备阅读的阶段，你要浏览章节标题、章节内标题和副标题，把标题用问题的形式来重新表述。这就把作者给的枯燥的标题变成了一个需要你解决的挑战或问题。如果你在阅读一本弗洛伊德的书，其中可能有一章叫作“弗洛伊德的梦境解析的基础”。你可以把这一章的标题改写为：“弗洛伊德的解梦工作是如何产生的？他对解梦的最初想法是什么？”你可以用铅笔把这个问题写在书的空白处。如果你正在阅读的这本教科书的章节末尾附有学习问题的话，这些问题将会很好地引导你的学习。

在《地质学画报》一书中，可能没有多少章节标题可以改写为问题，有些标题是“风化”“地下水”“冰川作用”，仅此而已；但有些标题可能行得通，类似“变质作用对沉积岩的一些影响”可以改写为“亿万年的环境变化对沉积岩有哪些影响呢？”。你不仅把它改成了一个问题，还在你开始阅读之前把它变得更易被理解。

同样，针对一门学科的学习，既然你已经为学习计划整理好了资源，你就可以把你想要研究的一些主题转变成你想要回答的问题或者你想要达到的目标。根据你罗列的原始材料和你构建的学习大纲，你希望在研究中找到哪些具体答案？把它们写下来。这个阶段也能让你想想以什么方式来回答问题，如记日记、自我测试或者利用某种“知识追踪器”。你现在还不需要回答这些问题，你只需要知道当你回答这些问题时，你将如何记录它们。

以欧洲电影史为例，如果你在浏览阶段做了粗略的调查，毫无疑问，你会不止一次遇到这些导演的名字：费德里科·费利尼（Federico Fellini）、让-卢克·戈达尔（Jean-Lnc Godard）、路易斯·布努埃尔（Luis Buñuel）、弗里茨·朗（Fritz Lang）等等。你认为他们将是你需要了解的重要人物，那么你可以提出以下这些问题：“为什么费利尼如此有影响力？”“布努埃尔的导演风格是什么？”“戈达尔在他的电影制作中追求什么主题？”。你可能也发现了一些在欧洲电影中常见的概念或主题，如“法国新浪潮”“第二次世界大战”“新现实主义”。把这些作为你的学习目标，并把它们列入你的大纲中。

（3）阅读

在这一步，你终于要深入研究这些材料了。因为你已经对材料有了基本的了解，并针对学习材料提出了问题和制定了目标，所以当你最终坐下来阅读时，你会更加投入地去寻找你所提出的问题的答案。

在你真正开始阅读之前，另一个容易忽略的方面是建立对学习的预期。当你对材料研究了一段时间后，你会渴望进行更深入的研究并回答你在头脑中累积的问题。这一步是多数人都会做但会失败的地方，因为他们缺乏基础，却还抱有不合理的期望。现在你需要调整心态和阅读的节奏，这样你才能更好地理解。这意味着你要大大地放慢阅读速度。你要对学习的内容和自己有耐心。如果一篇文章很难理解，那就慢慢地阅读。如果你不理解某一部分，停下来，回到开头重读一遍。你不是在阅读一本让人爱不释手的小说，你所接受的信息可能非常密集，所以你要慢慢地、仔细地阅读，一次只读一个部分。

阅读可能是你学习计划中的一部分，但视觉辅助工具、在线课程和网络资源可能也是其中的一部分，按照你在阅读阶段使用书本的方式使用它们，目标是完全理解你要学习的每个概念。如果你出现了困惑，请记住后退按钮和滚动条是你的最佳助手。对你的学习时间做个计划，尽可能在计划时间内做到对材料的全面理解。

仍然以欧洲电影史为例。用批判的眼光看电影，在某些情况下，你可能想要后退，以捕捉相关的视觉图像、对话或动作。如果你能观看一段带有导演评论的视频，那么你会想花一个下午的时间来看。将电影与你正在阅读的书籍或正在学习的在线课程联系起来，以解决你可能遇到的问题或疑惑。

（4）背诵

这一步对于处理你正在学习的信息至关重要，同时它也能体现为学习而阅读和为娱乐而阅读之间的最大区别。既然你已经熟悉了这些材料，那么背诵阶段的目标是重新调整你的思维和注意力，以便在背诵过程中更加深入地学习。换句话说，这一步是逐字背诵。

对你正在阅读的内容口头地提出问题。这些问题来自你在书本的空白处做了大量注释并画出重点的地方。背诵可以是口头的，也可以是默写形式的。但是，最重要的是要用你自己的语言来重述这些观点，不是简单地把书中的内容抄到纸上。通过这样做，你可以将新知识用你所理解的意思表述出来，你会更容易掌握新知识。这对你来说很有意义。

《地质学画报》一书的页边距很宽，这让我有很大的空间在书上写下对内容的重新表述、书中的关键点和重要概念。书中有这样一句话：“这一比较表明，丘陵和山脉上发生的缓慢的侵蚀过程与我们在周围环境中所观察到的更加快速的变化十分相似。”我把它改写成这样：“丘陵和山脉的退化与低地和河流中发生的退化过程相似，只是前者的速度更慢。它类似于棒球运动员。”

我所做的是将一个知识点放入了两个不同的分句中，其中一个必须由我自己想出来。这个方法能加强记忆，也能让我对新知识有更好的理解。我还添加了一点关于棒球的内容，因为我喜欢棒球，当我复习这个内容时，可以立刻理解这个概念。在整本书的学习过程中重复使用这个方法可以成倍地提高你的学习能力。

学习过程中的背诵阶段是很棒的，因为它适用于不同的媒介，并且你可以通过多种方式来阐释问题和重述内容。回到欧洲电影史这个例子，如果你正在看英格玛·伯格曼（Ingmar Bergman）的《第七封印》（*The Seventh Seal*）（电影讲的是中世纪骑士遇到死亡天使，试图通过与他下棋来争取时间的故事），你可能会提出并写下如下问题：对有关《圣经》的引用、艺术指导、中世纪历史、电影拍摄等。你也可以撰写电影摘要或制作视频博客，解决你的问题当中的关键部分。你还可以把这部电影与伯格曼的其他电影进行比较，或者寻找他的电影风格与你正在研究的其他导演有何相似之处。重点是，你要花时间来重新表述、背诵新知识，真正做到把知识内化于心。

（5）复习

SQ3R学习计划的最后一步是回顾你学过的材料，重新学习最重要的知识点，并学会牢记知识点的技能。

罗宾逊将这一步的任务安排在每周特定的时间段，但我们在此处只讲一些一般性策略。它们包括：尽可能多地提出并写下关于重要内容的相关问题，如果可以的话，口头回答一些问题，复习你的笔记，为重要的概念和术语制作抽认卡，用你自己的语言重写目录，构建思维导图。任何能帮助你深入学习、吸收和记忆知识的练习都是同等重要的（尽管制作抽认卡的方法特别有效）。

这一步旨在加强你对材料的记忆，但它的作用远不止于此。它可以帮你发现一些之前你并没有注意到的不同方面之间的联系和相似之处，进而帮你将概念和想法置于更大的背景中。它还可以提高你的思维组织能力，这样你就可以将这些策略应用到其他主题上。

这一步可以看作是第一步的自然延续。在“浏览”这一步，你已经针对该领域建立了学习大纲，了解了材料的本质，现在你应该结合第一步，重新评估，建立更新、更准确、更深刻的大纲。将新大纲与你已掌握的记忆相结合，那自学本质上就变成了一条捷径。

《地质学画报》一书中有很多术语可以写在卡片上。我现在就可以用记号笔在卡片上写下“单斜结构”“分层结构”“冰川冲刷”。我也可以用流程图或其他视觉媒介制作出冰川作用的过程。我还可以绘制一个地球年龄的时间表，并将其与每个时代发生的最重要的地质变化联系起来。我还可以记下这本书中没有回答的问题,或者是需要我去做全面调查的问题。

你可以用同样的方式在你的学习计划的复习阶段使用这些策略方法。在研究欧洲电影史的例子中,你可以为欧洲电影的导演创建一个目录或数据库,概述他们的作品、主题或风格。你可以制作卡片,帮助你回忆不同的欧洲电影风格,如“新现实主义”“黑色恐怖”“意大利式西部片”“视觉系电影”。当然,你也可以用书面形式或某种视觉表达形式来记录你所学到的内容。

SQ3R 方法不是儿戏,它系统且详细,需要你具备足够的耐心和规划能力才能完成它。如果你能够且专注地执行每一步,你会发现它对解决复杂的问题非常有效。如果你每次阅读都坚持使用 SQ3R 方法,你会发现自己越来越得心应手。

在阐述 SQ3R 方法时,我们简单介绍了组织大纲和记笔记的作用,以及它们是如何影响自学的。毕竟,你不可能只在头脑中整理好所有材料,就期望它们能发挥作用。因此你还需要将你所列的大纲和学到的内容写下来。此时，一种特定的记笔记方法对你来说会非常有用。

2. 布鲁姆分类法

布鲁姆分类法是由本杰明 · 布鲁姆（Benjamin Bloom）于 1956 年创建的，并在 2001 年进行了改进，它是衡量大学生学业成绩的一种方法。此后，它一直被学术机构用于制定课程框架，确保孩子能彻底地理解内容。我们在此处介绍它，是因为它可以作为一个逐步递进的指导方针，说明学习过程中的 6 个层级，帮助你加深对内容的理解。

布鲁姆分类法指出，想要达到对专业知识的最高层级理解，你必须完成 6 个连续的层级。实际上，很多人都很难完成分类中的所有层级，只不过他们都意识不到这一点，所以不要让自己也陷入这个误区中。接下来，我们看一下该分类法包含的 6 个由低到高的理解层级，具体如下所示：

- 记忆。从长期记忆中检索、识别和回忆相关知识。
- 理解。通过释义、举例、分类、总结、推断、比较和说明，从口头、书面和图形信息中构建意义。
- 应用。将所学的知识运用到实际的情境中。
- 分析。将一个主题拆解成多个组成要素，通过区分、组织和归类来确定这些要素是如何相互关联的，以及这些要素与整体结构或目的之间的关系。
- 评价。通过检查和批判，依据标准做出评价。
- 综合。把各个要素组合在一起形成一个具有协调性或功能性的整体，或者将这些要素重新组合成一个新的模型或结构。

一旦你达到了“综合”的水平，说明你对这个主题有了深刻的理解。然而，如果你做不到上一个层级，你就无法完全掌握下一层级。我们在生活中经常能看到，一个人对一个主题没有做到充分的理解就试图对其进行评估和判断，那是因为他没有遵循分类法！

布鲁姆分类法是一个特别有用的工具，它可以用来指导和塑造你的学习过程。总的来说，分类法是一份目标层级表，它教你如何积极地构建某一主题的专业知识。它侧重于构建和分析信息的思维过程，上述层级中的六个动词都是掌握和运用新输入的信息的思维工具。这个分类框架很棒，它用途广泛，几乎可以运用于任何场合。不论是在课堂上还是在工作中，在你设计自己的计划以实现个人目标时，这个分类法都可以作为你速记的工具。

整个分类法以学习的心理过程为基础，这个过程很好概括：在理解一个概念之前，你必须先记住它；要应用一个概念，你必须先理解它；要评价一个过程，你必须先对其进行分析；要得出准确的结论，你必须先对它完成全面的评估。这个方法的挑战在于反省和了解你目前处于这个分类法中的哪一层级，只有这样，你才能确定接下来你须掌握什么知识。

第一个层级是记忆。记忆包括聆听、查找信息（可以借助一些搜索工具）、主动记忆数据、为重要信息添加书签（以备之后回顾）、突出重点（以备之后综合整理）、重复信息等要素。

这个层级是为了获取和整理信息，以便存储和日后检索。如果你喜欢对阅读或观看的材料做大量的书签和笔记，那么你就是在积极地记忆信息。当你以表格的形式呈现信息或用列要点的形式来标注信息时，你也是在将这些信息转化为长期记忆。记住你还需要列出信息的关键特征、相关引用，或者是定义主题思想，以便之后回忆总结。每当你为考试而复习时，你都是在使用这些技能。

第二个层级是理解。每当你积极地记忆信息时，理解就会发生。记忆是将信息具体化和存储，而理解则是将信息进行拆解，以更好地了解其内核，就像有些人把家用电器拆开一样！对信息进行分类、将信息分解成信息块、依据你所收集的信息预测未来可能发生的事件、总结并用不同的词语进行解释，这些都是认知操作，目的是获得对一组符号或模型的更深层次的理解。

老师要求孩子“用自己的话”写出对知识的理解，这样做是因为老师不想测试孩子的背诵能力，而想测试他们的理解能力。如果你对一个概念有深刻的理解，无论它的要素如何重新排列，或者使用什么符号来重新表达它，你都可以做到。如果你曾尝试向不熟悉这个复杂概念的人解释它，你可能会发现举例能很好地帮助他们进行理解。你也可以用一个他们更容易理解的概念进行类比，并展示这些概念之间的关系。这种联系和联想是深入理解一个主题的关键。

第三个层级是应用。从广义上讲，这一层级是通过执行、绘画、表演、口头表达的方式将信息带入“现实世界”并展现出来。你可能会发现，其中许多术语与其他层级中的操作有明显的重叠。情况确实应该如此，因为当我们试图利用不同的层级来达到理解的目的时，大脑不是在执行一个个单独的活动，而是在以一种连续的方式运作。

事实上，布鲁姆的动词分类法本身就是一种“应用”的形式，它以一种具体的方式绘制或呈现信息，即运用抽象的概念使模型、想法或概念具体化。绘画、准备、展示、重演以及游戏都是与“应用”这个层级相关的动词。每次你绘制饼状图来说明数据、将计划变为现实、或者设计一个实验时，你都达到了“应用”这一层级。

第四个层级是分析，这很好理解。这一层级的动词包括提问、解释、组织、解构、关联和计算，转化为那些能表明我们积极操作和掌控信息的动词，它们不仅是将信息从一种形式转化为另一种形式，还要求我们仔细观察其组成部分，并理解这些部分。布鲁姆分类法本身就是一个评价和分类的例子。当你在绘制思维导图、将两组信息进行整合、把一台机器分解成各个组件，或者问“为什么会发生这种情况？”时，你就处在分析这个层级了。

第五个层级是评价。它包括所有能表明你对当前的材料进行价值判断的动词。在上一层级中，分析是价值中立的，仅关乎理解。然而，这一层级涉及批评、评判、反思、审查、评估和验证等内容。这是你的大脑练习辨别能力的过程，也是你将当前获取的信息与既定目标进行匹配的过程。你的实验结果有多大用处？你的评价的质量和真实性如何？你的表现如何？你如何将所有这些信息整合成一个整体来说明问题呢？

最后一个层级是综合。在这一层级，你与信息的关系非常重要——你要进行创造！作曲、拍摄电影、编写剧本、角色扮演、利用已知事物来创造新事物等都是利用已知信息构建新事物的创造性工作。你可能没有想到的其他创造性工作还有编程、系统设计、将材料从一种形式转换成另一种形式，甚至是播客或博客等。有趣的是，布鲁姆甚至认为领导力是具有创造性的，因为领导力通常涉及引导人们走向全新的、自力更生的愿景。

同样，这一层级的动词和其他层级的动词也是会重叠的，因此，使用布鲁姆分类法的重点不是要确定每一层的动词。相反，这种分类法是一种工具，可以帮助你处理信息，并从不同的角度审视信息，就像你戴上不同颜色的眼镜，在不同的光线下查看相同的信息一样。当你试图学习和记忆时，你应采取尽可能多的方法积极地、有意识地吸收信息，而不仅仅是采取一两种方式。这样，可以让信息变得生动、立体起来，让你获得比浅层印象更持久的深层理解。

每当你学习新内容的时候，你可以先在书上标出文本的重点，以便你对其进行总结（记忆阶段）；然后用你自己的语言来解释该文本（理解阶段）；接着你可以根据自己的理解来绘制图表（应用阶段）；再花时间来分析这个图表，对它提出疑问，并将它与你已经制作的其他图表联系起来（分析阶段）；此后，你可以问问自己这些方法是否真的能帮助你记住这些知识（评价阶段）；最后用评估来指导和改进你的学习体系，使之进一步发展（创造阶段）。

这听起来很乏味，而且确实如此，但这才是真正的信息合成之道。事实上，正是这种艰苦的脑力劳动才能真正地把知识牢牢地锁定在你的大脑里。

3. 间隔重复法

间隔重复法，又称分散式练习，这种方法旨在战胜遗忘。它对于提高记忆力很重要，因为它直接与遗忘做斗争，让你在大脑的能力范围内工作。**记忆的三个部分是编码、存储和检索**。间隔重复法尤其有助于增强检索，当然，该方法也有增强记忆编码和存储的重要技能。

为了记住更多的信息并更好地存储它们，你要尽可能频繁地接触和复习这些信息。换句话说，与周末学习 20 个小时相比，你每天学习 1 个小时的记忆效果会更好。这几乎适用于你所有要学习的内容。进一步的研究表明，在一天内对某一内容看 20 次的记忆效果远不如在 7 天内看它 10 次。

如果你把大脑想象成一块肌肉，那么间隔重复法就更有意义了。肌肉不可能一直处于锻炼状态，然后在没有恢复的情况下又重新投入工作。同样，你的大脑也需要时间在概念之间建立联系，创造肌肉记忆，并逐渐熟悉相关内容。睡眠已被证明是建立神经连接的重要活动，这种连接不仅仅是精神上的，它还会在你的大脑中形成突触连接，并刺激树突。

如果一名运动员在一次训练中过度锻炼，就像你在学习时用力过度一样，那么他可能会发生以下某种情况：要么太过疲惫，以致后半段的锻炼毫无作用，要么身体某些部位受到损伤。所以休息和恢复是学习任务中所必需的，而有时努力并不都是有益的。

下面就让我们来看看利用间隔重复法来制定的时间表是什么样子的。当然，你最好是和孩子一起制定，这样他们就能准确地了解自己在做什么，并根据自己对学习目标的理解，积极地为自己制订计划。

- 周一上午 10 点。初步了解西班牙历史，记录 5 页笔记。

- 周一晚上 8 点复习关于西班牙历史的笔记，但不要只是被动地翻看，一定要试着根据自己的记忆回忆这些内容。与简单地重新阅读和复习相比，回忆是更好的信息处理方式。这可能只需要 20 分钟。
- 周二上午 10 点。试着在不看笔记的情况下回忆内容。首先尽量主动回忆笔记内容，然后再翻开你的笔记，看看你遗漏了什么，最后记住你需要密切关注的内容。这可能只需要 15 分钟。
- 周二晚上 8 点。复习笔记。这只需要 10 分钟。
- 周三下午 4 点。再次试着独立回忆这些内容，只有回忆完成后才能查看你的笔记，看看你遗漏了什么。不要跳过任何步骤。这只需要 10 分钟。
- 周四下午 6 点。复习笔记。这只需要 10 分钟。
- 周五上午 10 点。主动回忆这些内容。这只需要 10 分钟。

我们来看看这个时间表，你会发现你一周只是多学习了 75 分钟，但你已经把整节课复习了 6 遍。不仅如此，你很可能已经记住了大部分内容，因为你是在主动地回忆而不是被动地复习笔记。

你已经为下周一的考试做好了准备。事实上，你早在周五下午就已经为考试做好准备了。间隔重复让你的大脑有时间来处理内容，并且在不断重复的过程中大脑可以建立内容间的联系和跳跃。

想一想，当你反复接触一个概念时会发生什么。在前几次的接触中，你可能看不到任何新的内容。当你对它越来越熟悉并停止与它接触时，你就开始在更深的层级上审视它，并开始思考与它相关的内容。你将它与其他概念或信息联系起来，从更深的层级来理解它们之间的关系。

当然，所有这些都是为了将信息从短期记忆转化为长期记忆。这就是为什么在最后一刻死记硬背或突击学习不是一种有效的学习方法。由于缺乏重复记忆和深入理解，学到的内容无法转化为长期记忆存储在大脑中，因而变成了死记硬背，而不是我们之前讨论过的间隔重复式学习，那么学到的内容注定很快就会被遗忘。

当你开始学习某个内容时，不要衡量你在上面花费的时间，而要衡量你在最初学习后重新回顾这个内容的次数。把增加复习频率作为你的目标，而不是增加学习时间。尽管这两者都很重要，但关于间隔重复或分散式练习的文献清楚地表明，给学习者喘息的时间是很有必要的。

的确，这种最佳学习方式比我们大多数人所习惯的学习方式要花费更多的时间和制订更多的计划。不过，如果你发现自己时间紧迫，你仍然可以有策略地使用这个方法。

为考试或其他类型的评估而做准备时，你不需要将内容纳入自己的长期记忆，只需要让它稍稍超越你的短期记忆，并将部分编码到自己的长期记忆中。你不需要在第二天回忆起任何内容，只需要保证这些内容能在自己的头脑中存储几个小时。

如果临时抱佛脚，你不可能做到真正的间隔重复，但你可以用一个小技巧来模拟间隔重复。与其在某一晚上学习 3 个小时，不如尝试一天学习 3 次，每次学习 1 个小时，每次之间间隔几个小时。

记忆需要一定的时间来被编码并存储在大脑中。你可以尽自己所能来模拟间隔重复法。为了充分利用有限的学习时间，你可以一醒来就学习一部分内容，然后在中午 12 点、下午 4 点和晚上 9 点各复习一次。重点是一整天都要复习，并尽可能多地重复。记住，你需要关注的是频率，而非持续时间。

在重复的过程中，不需要按顺序从前到后复习笔记，你可以在不同语境的驱使下查看相关的笔记，以便更有效地进行编码。此外，你要主动回忆笔记的内容，而不是被动阅读。即使在重复的过程中穿插了不相关的材料，你也可以从这种交错练习中受益。你只要关注那些主导自己目前所学内容的基本概念，就可以对不记得的内容做出有根据的猜测。

你要确保自己在考试前的最后一分钟都在背诵和记忆新知识。短期记忆在最好的状态下可以记住 7 个条目，所以你可以利用短期记忆来保存那些不需要被转化为长期记忆的信息。就像玩耍一样，你最终会忘记绝大部分玩耍的具体细节，这是不可避免的，但你正在玩的东西碰巧可能是你当下所需要的。因此，充分利用你可以有意识地使用的所有记忆类型。

间隔重复是通过练习检索和提高频率这一角度来提高记忆力的，即一遍遍地复习所学内容，而非对一项内容一次投入过多时间。即使在你没有足够时间的情况下，你也可以使用间隔重复来应对考试，让更多的信息输入你的大脑，注意，你要关注频率而非持续时间。当你将学习和记忆分散在更长的时间内并经常复习相同的材料时，你的学习效果会更好。

4. 康奈尔笔记法

这里讲的很多方法不仅适用于学习学术科目，也适用于做笔记。很多人在中学和大学里都学过一些记笔记的方式，但通常只是简单地模仿，从未真正花时间去理解记笔记这一行为。记笔记并不是必需的，因此，你一定要明确，记笔记只有在它真正能帮助孩子理解和存储新信息时才有价值。记笔记的一个误区是采用一些看似时髦或听起来很厉害的方法，但这些方法并不能促进学习，甚至还会阻碍学习。

这就是我们要在前一章进行铺垫的原因：当你了解了整个图景，以及规划好通过图景达到预期目标的路径时，选择正确的工具和技术就变得容易多了。你不会把时间浪费在那些只会让孩子感到困惑或厌烦的方法上，而是采用一种有目的、有重点的方法直击问题的核心。有了这一理念，让我们来探索一些多年来吸引了很多粉丝的记笔记方法。其中最著名的就是康奈尔笔记法，这个方法的要素与我们前面提到的内容有关。下面来讲一下如何用这个方法做笔记。

将用于记笔记的纸分成两列。右侧列宽大约是左侧列宽的两倍。将右侧列标记为“笔记”，左侧列标记为“线索”。在页面底部留出几厘米的空白，并将该部分标记为“总结”。

现在，一页纸被分为了三个不同的区域，你只需要在右侧的笔记区做笔记。在这一区域，你要尽可能简明扼要地对复杂的概念进行记录；写下所有你需要记下的内容，对你正在学习的知识进行全面的评估；每记完一个内容后留出一些空格，以便今后对这一内容进行补充；绘制图形和表格，在适当的地方列出要点，尽可能地捕捉重要信息。

在右侧栏做初步笔记时，你不需要考虑内容组织或标注重点，只需要把你听到的或读到的内容写下来，尽可能地呈现一幅完整的图片。在右侧栏中尽可能多地记录信息，因为此时你的任务就是捕获信息。不要区别对待任何信息，因为当你再次复习笔记时，你就能弄清楚哪些是必要的和重要的。

做完笔记后，来看左侧的线索栏。在这一区域，对右侧笔记栏中的每个内容或概念加以分析和概括，将要点写在线索栏。笔记栏可能一团乱麻，而线索栏是针对当前所学主题的相对有条理的说明。两栏的内容基本上是相同的。

将笔记中的五句话变成一两句带有要点和论据的句子。想象一下，右侧是些许混乱的记录，而左侧是一组条理清楚的陈述,把所有内容清晰地做了梳理。至此，你已经达到了记笔记的更高层次，超出了你平常记笔记的水平，你已经可以快速浏览笔记并立即知道笔记中要记哪些内容了。

最后，在完成笔记和线索部分后，完成底部的总结部分。

在总结部分，你可以尝试将自己刚刚记下的所有内容进行更进一步的浓缩和升华，只保留重要的论据或特殊的规则。你要用尽可能少的词语表达尽可能多的内容，因为当你复习笔记时，你要能快速理解，而不必重新解构和分析。

你的目标是浏览总结栏和线索栏之后能回忆起笔记的内容。如果你以前的笔记本上全是混乱的内容记录，现在就是一个简短的总结，它可以让你立即了解所学的信息。它还可以让你更有效地记忆，因为它只有几句话，不需要你每次都分析整页的内容。对内容提炼和总结后再进行复习对你来说没有什么坏处。

举个简单的例子，你不妨来回顾一下我们刚才讲过的内容。

假设你正在记录康奈尔笔记法这个概念。在右侧栏记下你能捕捉到的所有信息。你无须对这些信息逐字逐句地记录，只需要用简单的短语来记录。但它并不是很有条理，它只是基于你所看到的大量信息而做的简短记录。在左侧栏，你要对内容进行概括，比如记笔记的四个阶段是什么、每个阶段要做什么、康奈尔笔记的作用以及它对于促进高效学习的重要性。至于总结部分，你可以把你从这节课学到的东西浓缩为一两句话——**学习的四个阶段：记笔记、提炼、分析、反思**。康奈尔笔记法能让你经历这四个阶段，并通过记笔记的三个区域来帮助你更好地组织信息和强化信息。

在完成这个笔记的过程中，你已经创建了自己的学习指南。更棒的是，你可以在同一页面上记录创建它的整个过程——从原始笔记到提炼和总结。这个信息记录可以让你深入了解或参考任何你想知道的内容。最重要的是，你创造了一些对你个人有意义的东西，因为你以一种获得意义的方式完成了这个笔记。你在让信息契合你的思维模式，而不是让自己被动地记忆信息。

总之，记笔记并不是一种懒惰、被动的活动，这才是记笔记的奥秘所在。记笔记的目的是让你可以参考、立即理解和发现有用的信息，而不是去破译它们。如果你必须先理解结构和组织，那笔记则没有发挥应有的作用。

《认知天性》（*Make It Stick*）一书的作者彼得·布朗（Peter Brown）在笔记中简化了这一点：他坚持认为，如果在学习过程中不付出努力，学习就不会持续很长时间。

在布朗引用的一项研究中，孩子被允许对一部分材料逐字逐句地抄写笔记，但被要求用自己的话重新表述另一部分材料。当这些孩子后来接受测试时，他们对自己复述过的那部分材料回忆得更好。

老师为孩子提供书面的讲座笔记可能很方便。但是，这种为孩子安排好的东西会导致他们不再努力，进而影响孩子的学习。事实上，孩子的努力和参与越少，学习效果就越差。

你的笔记反映了你的大脑是如何处理、理解和记忆信息的。这意味着你要确保自己在记笔记时有一个良好的开端。

5. 个性化注释法

本章中的最后一个方法不仅涉及仔细阅读和注释，还涉及有目的的注释。这很大程度上取决于你要教的内容以及孩子的能力、年龄和个性。你有没有在坐下来阅读时，只是眼睛在页面上快速浏览，却没有真正地沉浸在书的内容中？阅读实际上是一个动态的过程，需要在阅读材料与你对信息的吸收和理解之间不断地来回转换。

更重要的是，阅读不仅仅是一项孤立的活动，它总是嵌入更大的图景中。如果不理解这一更大的图景，阅读就会显得毫无意义和漫无目的。如果你要教的大部分内容都是书面知识，那你就必须根据你的教学目标教给孩子一种阅读方法。

随意地拿起一本书来读是一种阅读，但一个有效率的读者会进行有目的的阅读。有目的意味着你知道你为什么要阅读，换句话说，在你从文本中获取信息后，你需要清楚地知道你打算如何处理这些信息，它如何与你的既定目标保持一致。

许多孩子一手拿着课本，另一手拿着荧光笔，一边读一边画出重点部分，完全不知道自己为什么选择这种阅读方法，也不知道自己希望从阅读中获得什么。这种方法会让他们读完后心生疑惑："等等，我刚刚读了什么？"

孩子在做注释时（在阅读时标注重点，或在课本的空白处添加符号或注释），需要按照预先确定的目标进行标注。有一个简单的方法可以让孩子的阅读更具目的性，那就是**让他们有意识地问自己："我为什么要读这个？"**你可以让孩子在阅读前暂停一下，设定阅读目标，以便他们在阅读过程中寻找相关信息。你也可以通过提醒他们阅读结束后要完成的任务来让孩子明确阅读目标，比如阅读完成后要写总结、分析或回答问题。当他们阅读时，这些会引导他们的注意力，即做出了阅读的目的。

把阅读想象成你与书本的对话，你需要机智地给出回应，增加你对材料的理解。如果你和一个人交谈时感到困惑，你可能会让他再说一遍或换一种说法，或者你会问一个问题，以确保你明白他在说什么。你可以教孩子用同样的方式来阅读，让孩子专注于阅读材料，并对阅读材料做出回应，在阅读过程中通过总结、联系、分析甚至论证来融入与课本的互动。

因此，你需要鼓励孩子在阅读前、阅读中和阅读后与文本互动。阅读前，他们可以设定阅读目标和意图；阅读中，他们可以做有意义的笔记和注释；阅读后，他们可以做一些任务来巩固和应用他们所读的内容。

举个简单的例子，你可以给孩子一篇文章，说这位作者因为他的论点引起了大家的激烈批判，问问孩子能否猜到原因，以此来激发他们的好奇心。然后，在阅读时，让孩子梳理出作者论证的逻辑结构，以及他们做出的回应，即他们如何看待作者的立场。

最后，在阅读后，你让孩子不仅要总结他们所阅读的内容，还要再想一想你的问题——他们如何看待作者的论点？然后你可以给他们另外一篇反驳前一篇的文章，以增加对这个主题的理解深度。如你所见，我们从来不是为了阅读而阅读，相反，我们是针对一个特定的目标而进行阅读的。

当孩子以这种方式阅读时，注释就变成了工具，使他们能快速找到理解概念的方法。事实是，许多不同年龄段的孩子天生就没有阅读兴趣，除非他们能发现阅读材料与他们的生活或他们想完成的目标之间有一定的相关性。在某种程度上，主动接触新信息与学习是一样的——如果不能有意识地集中并引导注意力，我们怎么能说我们学到了知识呢？

注释应该反映出一种内在的认知参与。当孩子在课本的空白处写下一个问题或反驳的观点时，应该是因为他们真的有那个想法，才把它记下来，而不是他们想："这里看起来适合写一些东西，我可能应该做些笔记或者写点别的什么。"

作为老师，了解更多的教学目标对你来说很重要，这样你就可以为孩子搭建舞台。如果你想让孩子大致了解材料的信息，那就专注做一个总结或简单的提纲。如果你想让他们更好地理解材料本身，那就要求他们更仔细地分析材料内容。如果你想确保他们真的理解了要点，而不是仅仅记住它们，那就问他们一些理解性的问题，或者让他们复述材料内容。记住一两个具有明确指向的动词可以指导孩子做出相应的行动，比如分析、比较、组织、整合、描述、总结、解释或发展等，这些都是要求孩子进行主动阅读的动词。

一旦孩子知道自己在做什么，他们就可以决定使用什么样的注释方式。在页边空白处写下问题吗？突出显示重点吗？圈出新概念并找到它们的定义吗？对文本中的直接引用画线吗？这些方法中没有哪一种更好或更差，因为从逻辑上看注释是用来服务阅读目的的，孩子没必要纠结于特定的注释规则、编码笔的颜色、特殊的符号等。事实上，一个完全由孩子自己设计的注释系统可能会更有效。

作为一名老师，你的目标是引导孩子变得自信，相信自己有独立阅读能力，激发他们的好奇心，进而学会掌控阅读过程，清楚阅读方向。任何有目的性的任务都会让孩子的头脑更加清晰，也更能激发孩子做事的动力，阅读也不例外。你可能会发现，正确设置阅读目标会自然而然地引导孩子做注释。你唯一需要的提示可能是建议他们在页面顶部用大字写下他们的目标，然后看看孩子会做什么。

记住，重点不是写出漂亮的笔记，而是促进内在的认知过程，从而获得真正的理解。你希望孩子能将与新信息逐步深入的互动过程内化为阅读习惯，那还有一个好办法是让孩子积极评估他们的笔记和注释系统。例如：他们是如何提供帮助的？他们确实有帮助吗？

这会引导他们在未来更深入地思考如何与课本建立联系。

画重点

HOW TO TEACH ANYTHING

- SQ3R 方法是一种关注学习过程的方法，包括浏览（对材料进行概述）、提问（通过提出问题来指导你的学习，进而加深理解）、阅读（主动、仔细地获取材料或信息）、背诵（练习所学，在脑海中组织和巩固所学内容）和复习（根据你的总体目标，与开始时相比，评估你的进步程度）5 步。
- 布鲁姆分类法阐述了如何通过不断地累积和不断地加深理解来掌握知识。它的 6 个层级包括记忆、理解、应用、分析、评估和综合。能否达到每一层级都取决于你对前一层级的掌握程度。作为老师，你要牢记这些层级，为孩子创造渐进式的挑战。
- 间隔重复或分散练习是加强记忆的一种方式。这一方法的原理是，在尽可能长的一段时间内，频繁地背诵或复习学习材料，而不是一次性地死记硬背，这样效果很差。使用这一方法的关键是让孩子自己不断地、间隔性地回忆所学内容。

- 康奈尔笔记法教孩子先做笔记，然后从这些笔记中提炼出关键主题和要点，最后总结他们的主要发现，基本上生成一个材料的概念图。这不仅能提高孩子的记忆力，还能加深他们对内容的理解。
- 有目的的注释是在阅读过程中所做的，但它实际上发生在阅读前、阅读中和阅读后。阅读应该是主动的和有针对性的，你需要事先知道自己为什么要阅读以及阅读后打算如何处理这些信息。有了这些目标，阅读才有了动力和重点，也就更容易选择适合阅读材料的注释方法，如突出显示、注释、符号等。

HOW TO TEACH ANYTHING

第 4 章

学会4种超级学习方法

第4章 学会4种超级学习方法

前一章涵盖了一些大家可能熟悉的方法，那些方法教孩子如何更聪明地学习，如何通过最有效、最合理和最令人满意的方式来使用一系列认知工具。在本章中，我们将进一步探讨更深入的学习方法和技巧。

在这一章中，我们将超越课堂中的常用技巧，**从哲学的角度来阐释获取知识本身的过程**。成为他人的向导、导师、培训师到底意味着什么？你怎样才能更深入地理解“学习”这一奇特的过程对自己和孩子产生的真正作用呢？

1.PBL 学习法

有一个关于金属雕刻的传说。雕刻工人的老师让他们只用手边的手工工具，将一块坚固的金属块雕刻成一个结构复杂的物体。在他们完成这个枯燥且看似不可能的任务后，你认为他们获得了什么？他们成了真正的手工工具专家！

在解决问题或达到目标的过程中，学习是必需的。

基于问题的学习法（PBL）是一套通过设计学习情境来学习的方法。指从需要解决的一个问题开始，通过解决这个问题来促使你学习。也就是说，你试图完成一个学习目标，不是一开始就学习 X，而是设定一个解决问题 Y 的目标，然后在这个过程中学习 X。当然，这纯粹是学习迁移。

通常，人们以线性的方式学习信息和技能。在你上学期间，老师通常采用传统的“填鸭式”方法进行授课，即老师给孩子提供材料，孩子识记材料内容，然后他们就会知道如何利用这些信息解决问题。这甚至也可能是你独自学习的方式，因为你不知道材料有什么不同。

PBL 学习法要求你确定：关于这个问题你已经知道了什么，你还需要哪些知识和资源，你是否弄清楚如何获取新信息和从哪里获取新信息了，以及最后如何找到解决问题的方案。这与大多数学校的线性教学方法大不相同。我们可以利用我青少年时期失败的浪漫冒险经历来举例说明。

当时，我想给同上西班牙语课的杰西卡留下一个好印象。这种崇高而强大的动机推动着一个年轻男性的生活发生了许多变化。我们在同一个西班牙语班，我有幸坐在她的正后方。事实证明她对西班牙语不太感兴趣，所以她经常转过身来找我帮忙。我被她的眼睛深深吸引，但随后我的热情逐渐被浇灭，因为我意识到自己不知道如何回答她的问题。如果她开始问班上的其他人怎么办？我不想那样！

带着这样的想法，我开始认真学习西班牙语，这样她就更有理由继续转过身来和我说话了。当有了恰当的动力时，我能做到的事情真的令自己都惊讶，那一年我可能比班上任何人的西班牙语都说得流利。更重要的是，为了给她留下好印象，我会查一些晦涩难懂的短语，以便自己有机会来解答她的任何问题。

我做了一套抽认卡。一开始，每张卡片的背面都印着一个单词，但到学年结束时，每张卡片的背面都印着三到四个句子，全部是西班牙语。我的这门课得了 A+，这是我高中生涯为数不多的几个好成绩，但我和杰西卡的关系一直没有进展。

这是一个典型的 PBL 学习法案例——我想帮助 X（杰西卡）解决问题，但在这个过程中我学习了 Y（西班牙语）。

当然，关键是你要对需要自己花时间解决的问题深思熟虑，这样你学到的东西才能帮助自己实现既定目标。它可以简单到想要掌握吉他上的一个新音阶，并尝试演奏一首包含该音阶的高难度歌曲。你会发现专注于解决问题比仅仅阅读教科书或听讲座更有帮助，也更有教育意义，因为你获得的是一手经验。

自约翰·杜威（John Dewey）在1916年出版了重要著作《民主与教育：教育哲学导论》（*Demorcracy and Education：An Introduction to the Philosophy of Education*）以来，PBL学习法就一直以多种形式存在。杜威编写的这本书的基本理念之一是“从做中学”。

PBL学习法起源于20世纪60年代。当时的医学院开始使用真实的患者病例来培训未来的医生。事实上，这仍然是如今许多医学生学习诊断和治疗患者的方法。医学生们并没有记住无数的事实和数据，而是经历了诊断过程并在此过程中获取信息。这是在锻炼一种不同于阅读和记笔记的能力。

他们应该问患者什么问题？他们需要患者提供哪些信息？患者应该进行哪些检查？这些检查结果意味着什么？检查结果如何决定治疗过程？通过采取

PBL 学习法提出并回答所有这些问题，医学生最终学会了如何治疗患者。想象一下，一位医学生面对这样一个病例：一位 66 岁的男性患者来到医生办公室，说他最近呼吸急促。

这位医学生下一步该做什么？除了病史、家庭病史和生活习惯外，医学生还想知道这个症状出现了多长时间、在一天中的什么时候出现、哪些活动会导致呼吸急促，以及是否有哪些事情使其恶化或好转。于是，检查就变成了问题的焦点：检查血压、听心肺、检查腿部是否有水肿等。接下来，医学生将确定需要做哪些实验室测试或 X 光检查。然后根据这些结果，医学生会提出一个治疗方案。这还只是开始。

如果老师想让医学生进一步学习如何处理潜在的心脏疾病，医学生就一定能做到。因此，通过将他们的调查技能应用到真实的案例中，学习对医学生来说会更真实、更难忘、更具吸引力。研究表明，当医学生采取 PBL 学习法进行学习时，临床推理和解决问题的能力会得到提高，学习会更深入，概念也会被整合，进而能更好、更全面地理解材料。

PBL 学习法迫使孩子掌握解决问题的方案和方法，他们用这种特殊的方式来吸收一个概念或一组信息。他们不是简单地解答 X，而是必须想出解答 X 的整个方程。这涉及深入的探索和分析，这两者都比简单的反刍式学习更能让人理解信息。

PBL 学习法也会带来自我激励，因为学习不是为了学习本身，而是为了解决现实生活中的问题，并产生现实意义。

在现实世界中，孩子通常不能利用案例场景或小组项目（至少在小学阶段不是这样）来帮助自己实现学习目标。不管怎样，他们都可以把学习指向特定的目标来强化自己的学习。下面是一些示例，能帮助你教会孩子如何找到自己需要进一步深入学习的问题。例如，制订膳食计划——你想解决晚餐就餐时间过晚和晚餐暴饮暴食的问题。

你选择这一目标除了要解决不必要的压力和焦虑问题外，还将学习如何成为一名更好的厨师。也就是你想解决 X（令人有压力的晚餐），同时你也学习了 Y（如何做饭做得更好）。

那么，你会采取哪些步骤来提高烹饪手艺呢？一种方法是实施膳食计划，尝试新的食谱和烹饪技术。开始之前，你确定你对问题了解到什么程度了吗？你的家人也需要用餐。所以，一开始食谱也许会很简单，但随后食谱会变得越来越多。你要知道制作这些食谱所需的原料，用餐的时间表，以及如何获取高级烹饪技能。

你还需要知道什么？你需要具体的食谱和配料表。你需要制订条理清楚的计划来安排每顿晚餐的供应时间，这可能需要一个日历来做标记。你需要确定你想要学习的高效烹饪技能。

那么，你将从哪里获取新信息来解决这个问题呢？也许你可以先让你的家人告诉你他们最喜欢的三道菜。然后，你在网站上找一些食谱，根据你找到的食谱，在记事本上或电脑的 Word 文档上或购物应用程序中列一个购物清单。接着，你需要把你的膳食计划记录在日历上，同样，你也可以记录在电脑上，或者你会找到一个可打印的膳食计划表或应用程序。下一步，也许你还想通过在线购物以节省时间（或许会产生冲动消费的可能）。最后，你要弄清楚如何学习新的烹饪技能，如阅读食谱、看美食制作视频、去上烹饪课，等等。

通过制订计划来提高你的烹饪技能，意味着你已经采用 PBL 学习法解决了你的用餐时间混乱问题！你确定了你已经知道的东西（你想学什么新技能、饮食理念、食谱、购物清单），弄清楚了你还需要知道的东西（烹饪技术、具体配方、成分列表、膳食日历），以及你要在哪里找到相关信息（家庭成员、网站、应用程序、书籍、网络、电脑，等等）。

你不仅为家人制订了用餐计划，而且还制订了一种可以周而复始、月复一月向前推进的策略，同时也学习了新技术并提高了你的烹饪技能。制订膳食计划为你节省了时间和金钱，而且还能减少混乱，提高家庭成员对膳食的满意度。这就叫一石二鸟吧。

让我们来想一个更复杂的问题。你的烤面包机坏了，而你每天早餐都要吃烤面包。你一直想了解更多的有关电子产品的知识，并将多年前学到的知识付诸实践。你想解决 X（坏了的烤面包机），但在此过程中还要学习 Y（基本的电子产品知识）。在这种有点棘手的情况下，PBL 学习法会是什么样子？

在这一步中确定你已经知道的内容。你的烤面包机坏了。你很能干，考虑要自己修。你对接线有点了解。你真的很喜欢你的烤面包机，这款已经不再生产了。

在这一步中，你需要知道哪些信息才能解决这个问题。你需要确定烤面包机发生故障的具体原因。你需要一些能力范围之外的指导来解决这个问题。你需要工具和配件，以及修理烤面包机的时间和地点。

在上述的信息收集阶段，你要拆卸烤面包机，以确定发生故障的原因。你可以上网或去图书馆找一本关于小家电的修理手册。你也可以参考网站上的视频。一旦你确定了问题，学会了如何修理，并进行了维修，你就可以重新开始使用你的烤面包机了。

PBL 学习法提供了一个有用的框架，它以一种深思熟虑、组织条理的方式来解决问题、突破挑战或困境，进而学习一项新技能或获得新信息。你可以把 PBL 学习法看作是上述示例所展示的一系列步骤。

- 确定你的问题。
- 确定你已经知道的。
- 列出可能的解决方案，并选择一个最有可能成功的解决方案。
- 将步骤分解为行动项目（列出时间线通常会有所帮助）。
- 确定你还需要了解的内容以及你将如何获得这些信息。

PBL 学习法有一些明显的优势。与其他方法相比，PBL 学习法不仅能让你更好地记住所学的知识，还能让你更深入地了解问题和解决方案。虽然这种方法的步骤太多且耗时太长，但从长远来看，这种方法往往会为你节省时间，因为你不用随机尝试一个又一个考虑不周的解决方案。制订一个系统的计划最终会为你节省时间，通常也会节省金钱！这就是直接解决问题的好处——你找到了问题的核心。

PBL 学习法可以应用于生活的方方面面。你可能需要创造性地围绕你想学的东西来设计问题或制定目标，这种学习技巧会让你的进步飞速发展。毕竟，如果不通过学习迁移将我们学到的知识应用到现实世界中，我们的收获会十分有限。

2. 苏格拉底问答法

成为提问大师的重要性再怎么强调都不为过，

这不是卖弄学问或挑衅权威。我们已经说过多次，你不能指望信息主动教会你知识或者让信息自己被大脑理解。这个任务最终会落在你自己的身上。如果你没有从讲座、书籍或视频中获得或理解某些东西，那肯定需要通过一遍又一遍地阅读同一材料来解决这一问题。

你必须自己努力去调查，去理解。或者，如果你是老师，你需要设定确切的环境条件，让孩子来完成这个过程，在这个过程中鼓励和引导他们，不能让他们仅仅是走过场。这让我想起一个心理学实验，小白鼠每按一次杠杆就会被电击一次。多次重复之后，小白鼠没有获得食物，它就不会再压杆了。这明显是一个聪明工作而非努力工作的例子，没有人能否认小白鼠很努力，可结果令人怀疑。

让我们看看下面两个人，他们读的是同一本关于西班牙历史的书。金博边阅读边识记这些内容。他在阅读的过程中记笔记，能很容易地通过有关该主题的测试。他写的答案读起来就像制作玉米面包食谱的要点。他得了 B+。

库纳尔也读了同一本书，但他只读一两次，其余时间都在试图更深入地了解西班牙征服者和国王所采取的行动的原因和动机。在同样的测试中他获得了 A+，因为他表现出了比金博更深刻的洞察力。他的回答更像是散文，尽管他忘记了一些小细节，但由于他理解得更深入，使得他在推理和判断上都有独到的见解。

库纳尔提出了探索性的问题，并利用这些问题来了解事实和相关信息，从而达到了 A+ 的水平。他仔细地研究这些信息，然后提出问题。他发现，如果提出正确的问题，他甚至不需要知道所有的事实，因为他可以预测征服者可能会做什么。

在学习中，**答案远没有人们提出的问题重要**。事实上，你在准备求职面试时也听到过这样的建议，面试时你应该提出“聪明的问题”，以显示你对面试公司有更深层次的了解。

死记硬背有时可能是你的目标，但如果你想要更深入地理解内容，提问是第一步。问题将一条扁平的信息转化为与整个世界互动的生动的三维知识。任何事实或信息都可以采用这种方法，但你可能会为了速度或效率而忽略这一点。提问题就是针对某一主题，找出你不知道的方面，同时也要接受这样一个事实，即你的整个理解有可能是错误的。只有当你理解了与信息相关的内容，比如背景和上下文，有意义的学习才会发生。

换句话说，好的问题会让你对内容有更深刻的理解。以一本教科书为例。教科书的内容必然是宽泛的，你不能指望它涵盖所涉及内容的全部细微之处。如果你完全接受自己所读的内容，就会走上一条单一的道路。如果你擅于提出问题，会发现学习的道路本身充满了曲折，甚至包含了不准确的内容。提出问题意味着产生了不同的探究路线，每条路径都有自己的视角。提问既能澄清误解，又能巩固自己已知的知识。最终，你会对同一本教科书形成更细致、更准确的理解。

幸运的是，老师们几千年前就知道这一点。对于提出深刻的问题，最有帮助的框架来自苏格拉底，这位古希腊哲学家因身为柏拉图的老师而闻名，也因“腐蚀青年人的思想”的罪名而被国家处以死刑。他的教学方法主要是利用对话和提问来实现学习，这一方法被称为苏格拉底问答法。

苏格拉底问答法就是不断地提出问题，努力剖析某一主张或观点，以获得更好的理解。提问题的人可能会冒犯到别人，但提问题能使双方受益，并发现某一主张或观点的潜在假设和动机。正是在这个过程中，人们建立了一个有效提问的框架。

想象一下，你发布了一个公告，你得到的唯一回应来自一位自鸣得意的人，“哦，是这样吗？X和Y呢？”其实，这位无所不知的发问者正走在正确的道路上。

美国法学院因使用苏格拉底问答法而一度名声受损。教授会问学生一个问题，学生将不得不为自己的陈述辩护，以反驳教授对某一案件或法律的是非对错的质疑。它本质上不是对抗性的，但它确实迫使人们解释自己的推理和逻辑，当然，知识上的差距和逻辑上的缺陷可能会在这一过程中显现。这个过程旨在实现更深层次的理解和变得更好的洞察力。尽管它本身并不具有攻击性，但它可能会引起防御。

那么，除了提出一系列让人不舒服的尖锐问题外，苏格拉底问答法究竟是什么？当你自己用苏格拉底问答法时，你是在强迫自己理解，你正在让自己经历一场艰难的压力测试，这会让你质疑自己和你的逻辑。它会迫使你放弃自己后来的假设，看看你可能遗漏了什么。如果你被苏格拉底式的质疑逐步紧逼，那你最终得到的将是对内容的深刻理解和进一步验证。如果你的想法有错误或理解有偏差，你都会发现、纠正并用反驳来证明。这就是深度学习。

假设有人告诉你天空是蓝色的。这似乎不容置疑，它是一个简单的事实。你从小就知道了，每天都亲眼看见天空是蓝色的这一事实。但请记住，你提问的目的是为了更好地了解天空是蓝色的这一知识，所以，想象一下，有人问你为什么知道它是蓝色的。

有很多答案可以回答这个问题，但你决定这样回答，因为它反射了海洋的颜色，而海洋是蓝色的，尽管这个答案是错误的。提问者会接着问你怎么知道它反射了海洋的颜色。你会如何回答这个问题?

这一简短的苏格拉底式提问表明你不知道天空为什么反射、如何反射（或不反射）地球上海洋的蓝色。你只是试图解释一个潜在的假设，然后惊讶地发现你对这一内容根本不了解。

简而言之，这就是苏格拉底问答法的重要性和意义所在。问自己一系列简单的问题，然后如实回答，就可以剖开你自认为知道的东西，并引导你真正了解自己不知道的东西。了解自己不知道的通常与了解你所知道的一样重要,因为它可以发现你的盲点和弱点。该方法经常作为一种教学手段被老师使用，因为它旨在促进更深层次的理解和澄清歧义。

R.W. 保罗描述了6种类型的苏格拉底式提问。简单地浏览一下这个列表后，你可能会明白这些问题是如何帮你提高学习水平、填补知识上的空白的。这6种类型的问题包括：

- ①澄清式提问：为什么这很重要？
- ②探索假设式提问：可能存在哪些隐藏的假设？
- ③探究原理、理由和证据式提问：有哪些已证实的证据？
- ④质疑观点式提问：还有哪些其他的观点？
- ⑤探究意义和结果式提问：这意味着什么，意义是什么，它如何与其他信息联系起来？
- ⑥针对问题本身的提问：为什么这个问题很重要？

假设人们都认为“天空是蓝色的”，以此为前提，下面给出了每个类型的一些示例问题，你可以提出这些问题，以理清思路并挑战他们的想法。

澄清式提问：所讲内容的真正含义是什么？这条信息是否存在隐藏动机或意义？他们希望用它达到什么目的？

- 如果天空是蓝色的，那与你有什么关系？
- 这对你来说有什么意义？
- 这里的主要问题是什么？
- 你这么说是什么意思？
- 这和接下来的讨论有什么关系？
- 你为什么这么说？

探索假设式提问：这些断言基于什么假设？它们是否有证据支持？什么是观点和信念？什么是基于证据的事实或基于其他方式的事实？除非你正在阅读的是一篇科学论文，否则总会存在一些可能准确或可能不准确的固有假设。

- 你说的蓝色和我认为的蓝色是一样的吗？
- 你为什么认为天空是蓝色的？

- 你如何证明或验证这一点？
- 这究竟从何而来？
- 是什么让你相信天空是蓝色的呢？
- 你怎么能证明天空是蓝色的？

探究原理、理由和证据式提问：你怎么知道证据是可信和有效的？得出的结论是什么？具体采用了哪些基本原理、理由和证据？有哪些可能会缺失或忽略？

- 证明天空颜色的证据是什么？为什么它能令人信服？
- 为什么天空可以反射海洋的颜色？
- 相关的例子还有哪些？
- 为什么你认为这是真的？
- 如果信息不正确或有缺陷怎么办？
- 你能告诉我理由吗？

质疑观点式提问：人们几乎总是基于特定的偏见

提出论断或观点，从唱反调的角度对自己的想法持怀疑态度。询问为什么相反的观点不受欢迎，为什么它们不起作用。

- 你还能用其他观点解释你的证据吗？
- 为什么这项研究最能证明天空是蓝色的？
- 证明天空是红色的也可以这样说吗？为什么可以或者为什么不可以？
- 这个论点的潜在缺陷是什么？
- 反驳的理由是什么？
- 为什么是天空反射海洋的颜色，而不是海洋反射天空的颜色呢？

探究意义和结果式提问：结论是什么？为什么？这还意味着什么？为什么会得出这个特定的结论？结果会发生什么，为什么？

- 如果天空是蓝色的，那反射意味着什么？
- 谁会受到天空颜色的影响？

- 这些信息意味着什么？后果是什么？
- 这一发现意味着什么？它还决定了什么？
- 它如何与更广泛的主题相联系？
- 如果天空是蓝色的，那这对海洋意味着什么？
- 你的证据和研究还能证明关于这个地球的什么呢？

针对问题本身的提问：当你用这个问题直接问自己的时候，效果会比较差。把这个问题抛给其他人会迫使他们思考为什么你会问这个问题，并让他人意识到你有一些想法。想要知道你这么问的目的是什么，为什么你问 X 而不是问 Y？

- 你认为我为什么要询问你对天空颜色的看法？
- 当我问你这个问题的时候，你认为我想做什么？
- 你认为这些知识在其他方面对你能有什么

帮助？

- 这如何应用于日常生活？以及我们之前讨论的内容如何应用呢？

乍一听，这像是一张破碎的唱片，毫无章序，但这也是一种疯狂的提问方法。每个问题看起来相似，但如果回答得正确且充分，它们就会引领你走向不同的方向。在“天空是蓝色的”这一例子中，有 20 多个单独的问题，20 多个独立的答案，探讨了某人说“天空是蓝色的”这一简单的断言。你可以想象到，有人会发现他们对此几乎一无所知，而且只能在没有背景或理解的情况下复述一组有限的事实。

你可以应用苏格拉底问答法来确保你了解自己的想法。你可以把它看作一个系统的检查和反复检查自己的过程。最终的结果将永远是好的，因为你要么可以了解自己的掌握程度，要么可以弄清楚你在哪些内容的学习上还存在漏洞。

如何使用苏格拉底问答法更深入地理解某一主题，比如大脑的生物学结构。实际上，要提出的问题并没有改变，以上6种类型的问题都可以用同样的方式来更深入地理解大脑结构。据此来学习这一主题，你会发现自己知识上的漏洞，并对这一主题有更深的理解。这难道不是苏格拉底问答法的意义所在吗？

3. 批判性思维学习法

不管你曾经以何种形式使用过苏格拉底问答法，都要恭喜你，因为你已经在不经意间练习了批判性思维。你可能会意识到这一常用的方法是本书第一章介绍的5种教学方法之一——探究式教学法。对孩子使用这种方法时，你实际上是在为他们建模，在你不再担任他们的老师很长一段时间之后的某一天，他们很可能会自己使用这种方法。批判性思考者的大脑中有一位内置的老师，他们会提出深思熟虑之后的问题，指出矛盾之处，并经常问：“我们在这里做什么？这是什么？这到底是什么意思？”

没有人会觉得自己是一位不严谨的思考者，但诚实地了解自己的思考过程和思考质量是真正学习的第一步。上一章重点讨论的是吸收、组织、存储学习内容的方法，但批判性思维关注的是学习的方式，而不是学习的内容。批判性思维不关注你是谁，而关注你做了什么。只要经常练习，这种方法不仅能提高你思考的质量和强度，还能让你成为学习方面的专家。

这听起来不错。那么，批判性思维到底是什么样的呢？你已经在苏格拉底问答法中有所了解——没有什么是理所当然的。当你提出问题时，你要立即将自己置身于不知道答案的位置，即不做出任何假设。如果不做任何假设，你就为更深入的了解开辟了道路。正是这种态度为这一方法提供了动力，并激发了你真正的好奇心。

作为一名老师，你应该尽可能地让自己置身事外，以此来鼓励孩子学习这项技能。不要给他们提前完成的或固定的答案，只是给他们一个问题，激发他们的兴趣，让他们自己得出结论。当然，教学和解释是教学的一部分，但是尽量不要告诉孩子他们应该怎么想，最好是支持孩子完成独立思考的过程。欢迎孩子挑战任何假设，即使是那些构成教学方案的决定性因素。

这样做会将孩子置于学习探究的中心，让他们对自己的发展和对内容的理解负责。你的目标永远不是把自己认为孩子需要知道的内容塞进他们的大脑里，而是帮助他们培养有意识的、成熟的、开放的心态，让他们根据自己的能力学习适合自己的内容。

这并不是一味地允许孩子持有任何成熟或不成熟的观点。在学习领域，每一个想法、观点或主张都需要得到维护。这意味着我们不害怕挑战偏见和假设，但另一方面，我们也保持中立的观点，不着急做判断，直到我们有足够好的理由坚持这一主张而非另一主张。

你可以通过控制自己的偏见来为孩子树立这种态度。告诉孩子，当面对新的证据时，修正你的观点只是整个学习过程的一部分，他们可以放心地去做。作为老师的你可能会有些固执和封闭，因为你已经习惯了自己是不容被挑战的权威，自己永远处于正确的位置。但是，你可以积极主动地解决自己的盲点，在这一过程中，你很可能会获得孩子的信任和尊重。

在学习中不必抱有好斗或敌对的态度，因为在学习的过程中犯错误从来都不是一件尴尬的事情，如果你有这样的想法，适时调整也没什么可羞耻的。事实上，任何一位老师所能传授的最重要的一课就是，犯错与学习相伴相随，真正聪明的人从不害怕犯错、无知或被证明自己是错误的。

这就是许多人所说的“成长心态”，它将恐惧、偏见和自我排除在外，把数据和知识置于中心位置。所有人都有信仰、偏好、期望、思维缺陷和独特的个人经历。但是，作为一名批判性的思想家意味着要有意地将事实、逻辑与个人信念分开。一位成熟的思想家会说：“嗯，出于个人原因，如果X、Y、Z是真的，我会喜欢它们，但我不能否认相反的证据，所以我想在这一点上我肯定是错的。”

批判性思想家从不会把一个想法或信念视为永久的。他们不会出于忠诚或固执或正义的想法，就认为自己站在正确的一边，就像他们不会不管情况如何都支持自己最喜欢的足球队那样。相反，随着学习的进步，他们的思想和观念也会不断地改变和更新。放弃一些想法并不会被认为是一种错误行为，反而会积累更多的知识，在追求学习的道路上迈出重要的一步——这始终是我们的目标。

无论孩子在学习什么，作为一名老师，你都可以通过各种探究方法来引导他们辩论和分析，以鼓励这种开放、批判性的学习精神。当孩子认识到自己的逻辑错误时，要支持和认可他们，但不要赞成某一想法，而批判其他想法。因为你的目标不是找到“正确的答案”，而是在这一过程中开辟一条正确的道路。而且，你也不用必须选择某一立场或一定做出判断。你要提醒自己和你的孩子：我们总是可以说，“我不知道”或者“我还不知道”，因为这意味着可能性。承认一个尚未解决的混乱局面的复杂性，比仅仅为了满足自我而强行得出一个过于简单的结论要显得更加成熟。

在现实生活中，很少有哪个问题的答案是简单、直接的，但你可以教孩子学会容忍一定程度的细微差别，他们可以坚持某个想法，无须强迫自己做出决定，或急于附加观点和情感。批判性思维是元认知的一个标志，它让我们不仅学会在自己的心智模型中思考，还要站在心智模型之外，以中立的态度询问它是否在工作，如何工作，以及是否可以用更好的东西来代替。

将批判性思维的力量传达给他人，需要老师能够熟练运用批判性思维。你要告诉你的孩子，我们总有机会进行自我反省、质疑、消除偏见、审视被忽视的东西，而展示这一力量的最好的方法就是，在你教的过程中自己去实践。

4. 混合式学习法

说了这么多，就是要提醒你，有效的教学需要老师不断地回到具体的可操作层面。你需要从抽象的原则出发，但同时也需要在行动中站稳脚跟。在正确的理论框架内，即使是最简单、最不起眼的“活动”，也会突然散发出新的光芒。针对正式的课堂教学、独自学习及与伙伴一起学习这几种形式，我们来仔细探究一些教学策略，来了解如何使用它们来衡量理解、提供解释、提出问题和提供有价值的反馈。

当你通读这些内容并决定是否要将它们用于你的特定目的时，请记住，首选的方法或活动始终是最能让孩子真正理解学习内容的方法或活动。如果选用的方法或活动不起作用，就放弃它，或者调整它直到它起作用！记住这些方法都是可交互的、动态的和可调节的，能帮助孩子自然地学习。

（1）思考—分组—共享。

若这个方法适用于你的教学情况，那请先让孩子对一项任务进行单独思考，然后与同伴分享各自的发现和结论，最后与更大的群体分享前面讨论的内容。这种方法鼓励比较思维和合作思维，支持辩论和讨论，并让孩子注意到他们以前可能没有注意到的地方。这种方法非常适合较小的群体。当在更大的小组中使用时，你可能会花费太多的时间一直在围绕错误的答案进行讨论，而留给实际教学的时间很少。

（2）迷你测试

迷你测试并不是为了测试学习内容，而是为了反思和评价学习过程。在课程结束时，让学生花点时间写下他们学到的主要内容、仍然有困难的地方，以及任何其他的问题。这样老师也会收集到孩子学习中的重难点，并可以根据孩子当前的理解程度来组织下一节课的内容，同时也做到了积极的自我反省。

（3）利用学生资源，以生助生

我们之前讲过让一位拥有更高级技能的员工来教授和指导一位技能欠佳的新员工非常有用。因此，我们可以将这一过程转化为一种教学方法来使用：首先将你的课程分为几部分；然后将这些部分分配给更小的学生群体，这样每个人都只负责理解整个课程的一部分；接下来，把小组打乱，这样孩子就可以互相交流彼此的知识，以确定新的信息与他们的信息是否匹配。

因此，孩子既是自己所知内容的老师，也是试图理解他人所知内容的学生。最终的结果是孩子会对更大图景中的元素有更深入、更透彻的理解。这是一种很棒的方法，可以让孩子在更大的系统中找到自己的因果关系和有意义的连接,而不是你直接为他们概述。

如果你所在的学校允许的话，你也可以这样使用这个方法：让一名学生作为助教定期与你的班级进行互动。他们有时比老师能更有效地为孩子提供信息，因为他们拥有更多的学生经验。你还可以让助教给其他孩子简要介绍你后面要讲的概念，而你来讲解更复杂的部分。

（4）分配项目

首先，在你的反馈和指导下，把孩子的活动构建成一个由他们自己指导的项目。无论你要求他们做演讲、做演示或写论文，都要借此机会来评估他们的学习过程，提出发人深思的问题或给予反馈。这很适用那些在现实生活中具有很强实用性的任务。然后，你可以让孩子自己确定一个评分标准来为他们的项目打分，并想办法根据项目结果来衡量自己的表现。

（5）使用论文或辩论

你可以将课程重点放在一个提示或问题上，然后让一个或多个孩子用他们自己的文章或论点来回答。他们可以展示或提交这篇文章，或者积极地与其他孩子进行讨论或辩论。你还可以要求孩子在创作自己的作品之前或之后对范例进行打分。或者，你可以把全班分为几个小组，给每个小组指定一个立场，然后让他们为其辩护。这不仅增强了他们对论点的逻辑结构进行批判性思考的能力，还能让他们发现如何组织自己的思维模型。

（6）鼓励综合法

请记住，学习就是将多个知识点建立有意义的联系的过程。鼓励孩子综合两个来源不同的材料，例如，你可以要求他们把一场讨论与课本上的材料联系起来，或者比较和对比两本截然不同的书中的材料，以得出第三种独特的观点。这会让你真正了解孩子在理解材料方面的进步程度，而且你也可以快速发现他们理解水平上的差距。这也是一种鼓励孩子独立思考复杂内容的完美方式。

这种方法对于社会科学的教学特别有用，因为不同的理论家对事物都有自己独特的理解。如果你问三位哲学家生命的意义，他们会根据对生命的不同理解给出截然不同的答案。通过比较这些不同答案的框架，孩子可以全面了解他们正在讨论的概念。

（7）使用观察

你可以让孩子花一些时间观察某个小组的互动、讨论或活动的情况，并通过做笔记、提出问题或提供自己的分析和解释来做出反馈。这样，孩子的作业就可以成为数据来源供大家学习和借鉴。例如，你可以让一些孩子参加一场辩论，然后让其他孩子观察和评价他们的辩论策略。通过这样的方式，你可以让原本可能非常枯燥且无趣的过程变得生动了起来。

以上所有这些方法的共同之处体现在：

- 让孩子积极主动地学习。
- 让你有机会去衡量他们深层理解的程度。
- 让你有机会来提供有意义的反馈。

牢记科学的、开放的、苏格拉底问答式的学习方法，你可以以其中一种或多种方法为基础，深度支撑和评估学生的学习过程。以上方法主要适用于小组或结对互动,其优势在于它们会鼓励孩子进行动态交流、与他人进行比较、通过自我解释构建自己的理解。

当然，你可能只教一个孩子，或者你正在教的主题不适合小组合作。在这种情况下，你需要利用更多的视觉活动。小组活动和视觉活动都会让你有机会看到学生的内在思维被外在化，这样你可以衡量他们对相关内容的理解水平，并进行纠正和指导。此外，视觉信息具有直观和形象的优点，因此比其他形式的信息更易于掌握和存储。看看下面介绍的方法，你会发现其中很多方法你都熟悉。

（8）绘制概念图或关系图

概念图或关系图可以清晰明确地展现概念之间的联系。图上的节点代表概念，它们之间的连接标注着它们之间的关系。你可以使用概念图来设计课程，或者回顾已经学过的课程。这个概念图可以立刻清晰地呈现出内容之间的关系，或者你可以让学生构建一个概念图来展示他们还记得多少内容，仍然存在哪些困惑。你也可以创建一个未完成的概念图，让学生在课堂上填写剩余部分，甚至可以让他们纠正你故意在导图中设计的错误。

一个好的概念图必须具备功能性和逻辑性。你需要从一个主要概念开始，逐步添加与它相关的层级或结构。你可以使用箭头和方框连接概念，并将相关的知识点清楚地组合在一起。你可以通过改变箭头的样式来说明不同层级的关系，例如，用深色的线来表示递进的关系。同时，概念图必须遵循从一般到具体、从已知到未知的原则。

人们总是混淆思维导图与概念图，但二者并不相同，后者更具条理性。思维导图可以用在课程的开始，从整体上评估当前所讲知识并展示与课程主题有关的所有已知知识。而概念图的形式更自由，它督促学生以创造性的、开放性的方式思考，进而激发他们讨论。

你可以简单地从某一页的一个主题开始，让孩子在你的指导下对这一主题进行详细说明，激发他们延展知识的兴趣。

（9）绘制流程图和过程图

有时，不同概念之间存在因果关系，或者它们是通过时间顺序产生联结的。流程图可以表示决策过程或条件逻辑，即体现“如果X，那么Y”的思维。因此，这些概念最好用能展现逐步运行过程的流程图来说明。

让孩子创建某个科学实验的流程图，并概述在生成不同结果下应该遵循的过程。你可以在课程开始时为孩子提供一个简单的流程图，该图概述了一个复杂的过程，这样他们就可以随着课程的推进了解自己在这一过程中的位置。或者，你也可以先教学习内容，然后让孩子制作自己的总结流程图。你可以给他们提供一些制作规则或指导方针，也可以让他们自己设计流程图中的规则和符号。

（10）使用故事板发挥创意

另一种呈现可视化逻辑顺序的方法是制作故事板。故事板包含易于理解的漫画、视觉效果图或图表，它可以通过简化材料以突出重点。故事版的制作需要花费较多的时间和精力，所以你可以给孩子分配一个项目来创建自己的故事板，也可以设计一个小组活动项目，让小组成员一起合作完成这个故事板，它将成为孩子稍后用作总结或辅助学习的素材。

（11）鱼骨图

鱼骨图（又名石川图）是一种描述因果关系的工具，可以更好地说明导致结果发生或可能导致结果发生的原因。“鱼”的头部是问题或结果，而指向它的单个骨头是按类别分组的原因。例如，你可以用鱼骨图中的对角线来表示孩子考试不及格的一类原因——遭糕的家庭环境。

往前追溯，你可以问，是什么导致了这种糟糕的家庭环境，并列出干扰学习的几个具体因素。再进一步，你还可以确定产生这些干扰因素的原因，比如家庭访客众多，或者长时间使用电子设备。

从本质上说，鱼骨图是一种定向的思维导图，旨在告诉我们某些事情为什么会发生。你可以针对每个单独的原因不断地提问，以深入了解其根本原因。这种练习可以帮助孩子透过现象看本质，更加深入地找出根本原因。

图表可以给孩子很好地呈现出事物之间的因果关系。与从头开始构建一个逻辑论证不同，它更像法医学，总是反向工作，最终倒推出一个完整的情况。你可以让孩子探索一个历史事件或一个假设情境，你也可以让孩子用这种方法来指导自己自我反省或评估表现，你甚至可以在教学中自己使用这个技巧，以更好地了解孩子的水平，以及他们是如何达到这种水平的。

（12）维恩图

一幅画胜过千言万语。维恩图（又名文氏图）可以快速地传达两个或两个以上主题之间的关系，并可以帮助孩子总结重叠区域和差异领域。你可以让孩子用维恩图来对比两到三个观点，并把它们的相同点和差异写出来，维恩图能清楚地展现它们之间的关系。让我们通过一个例子来看看如何制作和使用维恩图。

例如，你想根据身体特征对各种动物进行分类。在这个例子中，我们将通过三个特征（当然维恩图也可以基于两个特征）进行比较。第一个特征是会游泳。列出所有会游泳的动物，如水母、狗、水蝮蛇、海龟、人类、鲸鱼、鱼等。第二个特征是需要呼吸空气。当你做这个列表时，你会发现一些所列的动物与之前那些会游泳的动物有重叠，比如人类、狗、鲸鱼、海龟和水蝮蛇，其他需要呼吸空气但不会游泳的动物是蚯蚓和黑猩猩。第三个特征是有腿。有腿的动物包括许多既会游泳又需要呼吸空气的动物，还有一些只会游泳或需要呼吸空气的动物。前者的例子有人类、狗等。

现在，你需要基于这些相似性创建一个图表。第一步是画一个大圆，标注“会游泳的动物”，并写下所有符合条件的动物名字。在圆外的一边写下“需要呼吸空气的动物”，另一边写下“只会游泳的动物”。第二步，为“需要呼吸空气的动物”画另一个圆，但在画这个圆时，要将第一个圆中会游泳的动物画进去。

然后，你会发现人类和狗成为了两个圆的交集，而水母只出现在第一个圆中。现在写下所有只能在剩余空间里呼吸空气的动物。第三步，为“有腿的动物”画第三个圆，在画这个圆的时候你要把其他两个圆中的所有有腿的动物都画进去。因此，人类和狗也将进入第三个圆，只在第二圆的动物——黑猩猩，也属于第三个圆。

最后，你会看到三个相交的圆圈，它直观地显示出了每个动物具有三个特征中的哪几个。虽然把不同种类的名字放在恰当的位置需要一些练习，但一旦你习惯了，这将成为促进学习的一个强大的视觉工具——KWHL 图表。

KWHL 图表基本上包括以下这些问题：

- 我知道什么？
- 我想知道什么？
- 我怎样才能知道它们？
- 我学到了什么？

让孩子绘制一张包括四列的图表，每一列（即一个子目标）对应上面的一个问题，然后他们就可以使用这四个子目标设计探究或学习活动了。有了这样一个事先列出的矩阵，孩子可以专注于自己的项目，并在最后评估自己在该项目中取得的进步和成就。你会发现，探究式教学法又一次出现了，孩子努力通过该方法构建自己的学习过程，就像老师为他们设计课程一样。例如，孩子可能会在某个特殊的会计学知识或记账概念方面存在困惑。

你可以给他们设置一个 KWHL 任务，看看他们是否能够详细地列出自己已经知道的和不知道的内容。一旦发现了自己知识上的漏洞，他们的任务就是找到高质量的信息来填补它。你可以利用这个机会来鼓励他们在恰当的时机使用批判性思维，在评估自己所尝试的研究活动的效果时进行更多的反思。这是很有效的，因为他们可以借此回到第一个问题，再次反问自己：我知道了什么？知道的比以前多了吗？

以上所有这些方法的共同之处在于：

- 以一种快速、简洁的方式传递大量的数据或信息。
- 关键数据之间的关系（因果关系等），关键数据的相似性和差异性。关键数据的序列，即它们是如何相互关联的。
- 允许你组织材料，以便你能评估孩子的理解程度，并提供反馈，做出纠正或扩展相关领域。

无论是基于小组活动还是想要实现视觉辅助目的的教学技巧，都需要先了解清楚孩子目前的水平以及你想把他们提高到哪种水平之后才能使用。你对所教内容了解越深，就越能够选择到合适的技巧，让技巧为你所用。

如果你想让孩子深入了解一个复杂的程序，你可以让他们观察该程序运行错误的原因并做详细的笔记记录，然后用这些笔记构建鱼骨图。如果你希望孩子对某一主题的理论有深刻的理解，你可以要求他们中的一位仔细阅读一篇与主题有关的文章，并对文章核心观点进行总结，再要求另一个孩子对另一篇与主题有关的文章做同样的事情，然后组织他们一起讨论并创建一个维恩图，呈现两篇文章中该主题的相似观点。甚至，你可以让他们各自写一篇文章，来扩展这些相似之处，在写的过程中，他们可以做一个综合的、全新的分析，并提供自己的见解。

如你所见，唯一的限制是你的想象力，你可以组合或调整技术和方法，以满足你的教学需求和孩子的学习需要。你可以让孩子参与某节课内容的辩论活动，同时为辩论过程制作一张流程图；在课程结束时，再让孩子做一个包含 KWHL 元素的小测验，看看他们能否评估自己的进步并就下节课的内容提出建议。

画重点

HOW TO TEACH ANYTHING

- 一旦你掌握了一些简单的教学方法，你可能想尝试了解更高级的方法。例如，基于问题的学习法（PBL）是一种综合性的方法，孩子提出问题并运用它引导自己找到解决方案，从而获得更深入的理解。PBL 学习法可以让孩子对自己的学习负责，可以建构符合现实的、实用的和令人难忘的课程。
- 苏格拉底问答法是另一种基于提问的深度探究的方法。问题可以用来挖掘假设和偏见，探索更丰富的理解，充实观点，探索结果和含义，检验论点的更深层次的理论基础，甚至更仔细地审视问题本身。
- 苏格拉底问答法的关键是提出问题，以此给你的对话者或孩子提供足够的空间来表达他们的观点。一旦他们说出自己的想法，那就可以通过要求他们澄清、详细阐述他们可能未发掘出来的内容或质疑他们所说的内容来进一步推动他们继续探究。这些策略迫使他们通过暴露自己知识上的不足来学习和理解新概念。

- 批判性思维学习法对于理解更高级的概念来说是一种很好的方法，因为它鼓励对一个人思考的质量和学习过程本身进行认知。批判性思维的特点是保持思想开放的态度，对模棱两可或不确定性保持宽容的态度，不认为任何事情是理所当然的。通常情况下，它遵循探究式学习法，即不断地问孩子一些问题，以刺激讨论和学习的方式来挑战他们的观点。
- 其他高级方法还有利用小组合作来辅助学习，如师生合作、思考－分组－共享、辩论、学生观察，或使用相关的视觉材料来辅助学习，如关系图、流程图、维恩图或故事板等。
- 所有这些高级的方法都要求孩子在学习中积极主动，老师不仅可以评估孩子对已学知识的理解程度，还可以提供有用的反馈。

HOW TO TEACH ANYTHING

第5章

创造理想的学习环境

在前几章中，我们讲述的重点是，作为孩子学习的指导者，你可以做些什么来促进他们学习并提升他们的学习体验。我们始终认为，老师的角色就是一位促进者——让孩子的学习过程以最佳方式来开展的人。老师要做的很大一部分工作是给孩子创造有利于学习的环境。

不过，孩子的学习环境不仅仅是简单的物理环境。因此，在这一章，我们将**讨论孩子、老师、环境和知识之间的密切关系，一名优秀的老师能确保这四个因素相互协调以取得最好的教学效果**。这需要有效的态度、对习惯和动机的理解、适应力，以及促进学习而非让人恐惧或逃避的学习氛围。

老师遇到的困难往往不是关于知识本身的，也不是寻不到高级、有效的教授方法，而是当他们试图激励那些对学习满不在乎的孩子时困难重重！这就好像在教学中，总有两堂课在同时进行：一堂课是关于他们手头课本上的，另一堂课则是在后台运行的，即培养孩子在学习过程中的学习纪律、毅力和自我调节能力。

1. 理解动机

除非孩子有学习的动力，否则他们不会学习。如果没有动力，他们的智力高低也就无关紧要，知识的预期价值也就不重要了。可是，为什么孩子会有动力去做一些事情，而没有动力去做其他的事情呢？

有一个非常简单的理论可以解释人类的动机，叫作期望理论，它认为人们的行为是由他们期望的结果来决定的。即使你没有意识到这个动机的存在，你也会：

- 评估付出的努力会带来预期的结果或绩效变化的可能性。（你需要付出多少的努力？）
- 评估所有努力与预期结果直接相关的程度。（这项工作会给你带来什么？）
- 根据自己的需求和价值观，判断该结果对你个人的吸引力。（这个结果对你有多大价值？）

你在学生时期的体育老师可能想教你一些你不太喜欢的运动，如果你知道他们无论如何都会给你打个高分，可能就不会那么努力去训练了。同样地，如果你知道体育成绩在自己的全年成绩中占比很小，你可能会发现自己很难产生动力去训练，因为体育成绩的好坏与你真正在乎的目标（顺利通过这一年的考试）关系不大。所以，基于自己的整体学习目标和价值观，你可能会简单地认为体育对自己来说没有那么重要。

孩子愿意付出多少努力在很大程度上取决于他们需要多努力才能获得成功、这项工作获得奖励的可能性有多大、这种奖励是否被认为是真正有价值的。努力总是与绩效和奖励联系在一起，因此，当你教学时，就需要意识到孩子正在为自己建立上述联系。除非付出的努力与可能的回报保持一致，否则他们不太可能有动力长期采取行动。

重要的是，并不是所有的结果或目标都具有吸引力，这要取决于个人的价值判断。你可能认为你正在教授的主题非常有价值，而且无法理解为什么其他人不像你一样积极地去学习它，那是因为不同的人在权衡付出和可能的回报时做出了不同的评估。

因此你应该这么做：利用学生的内在动机来鼓励他们。这是完全有道理的——为什么你有动力去做一些不可预测结果的事情，或者为什么会为了一个自己并不是特别想要的结果去努力？这里的一个关键点是，动机是由我们对未来的感知和评估所驱动的，它存在于我们的期望中。

这意味着，即使某一特定的行动确实能满足某人的最大利益要求，但如果他们不知道能从面前的事情中获得什么期望，他可能仍然没有动力。需要重复说的是：现实情况无关紧要，造成差异的是孩子的看法。如果你很幸运地遇到一位已经有足够的动力去学习的孩子，但当他遇到挑战、挫折或感觉停滞不前时，你仍然需要理解并重新点燃他的动力。

此时，你很容易能想到一个激励孩子的好方法，那就是提高学习内容的感知价值。如何做到这一点取决于你，但首先要想办法了解孩子的价值观和处事原则，然后将它们与孩子所要学习的内容联系起来。这好比你本身对学习网页设计不感兴趣，但又想在行业中保持竞争力，还不想耗费金钱和时间雇用他人修复商业网站上的错误，那你可能因此产生学习一些网页设计技能的动力。

试着从孩子的角度看待问题。你的课程设计是否让人感觉虚假或与现实场景无关？实际上几乎所有的技能都是可迁移的，你要想办法表达你所教内容的实用性，让任务尽可能的真实和实用，让孩子真正看到他们所获得的技能和知识的现实价值。注意你需要依据孩子的判断，而不是你的判断！

即使是被认为有价值的事情，有时也需要一些助力才能完成，所以你要建立定期的奖励制度，让每个人的努力都有价值。表扬和反馈是无价的，你能时不时地停下来承认他们所取得的进步，并给每个人一个鼓励吗？鼓励孩子时，不仅要评价他们的成果，还要为他们的成就感到自豪。如果你能在这个过程中表现出真正的热情，那你的热情一定会感染到孩子。

你的策略是要建立对积极结果的期望，正是这种期望激励学生即使感到困难或无聊也要继续努力。同时，你要确保自己切实了解他们对未来的期望——他们的目标是什么？为什么要朝着这些目标努力？当他们实现这些目标后，他们将如何衡量成功？你还要了解挑战的级别，确保对应的知识对孩子来说不会太难，也不会太容易，而是处于两者之间的最佳点，即克服这个挑战真的能让他们感觉是一种成就。

让孩子觉得这个挑战过程是公平的非常重要。没有什么比知道规则不一致或有些人似乎没有缘由地受到青睐更能扼杀孩子的动机了。毕竟，如果不能保证结果公平，或者即使努力工作依然会受到惩罚，那为什么还要努力工作呢？你要让孩子知道，他们投入的和他们得到的之间存在一种直接的、可预测的和可量化的关系。你的反馈会让他们确切地知道自己成功的原因和失败的原因，如果他们对努力付出之后的回报心生怀疑，很可能会挫伤他们对所有事情的热情。

2. 游戏化的诀窍

如果有人对激发动机很了解，那他很可能是游戏行业的从业者。事实上，许多人都认为游戏开发商和游戏设计人员非常擅长捕捉如何保持人们的注意力的动机，以至于很多游戏使人们近乎成瘾。如果孩子能像玩一款令人上瘾的电子游戏那样专注和投入地学习，那岂不是很棒？这或多或少触及了游戏背后的理论，或在非游戏环境中使用电子游戏的原理和要素。

每一位家长都注意到，只要孩子真正喜欢他们面前的“游戏”，就很容易产生动力、持续专注并努力学习。学习也是一种游戏，或者可以将它变成一种游戏。原理很明显——如果你能让孩子的学习内容变得有趣，那么他们就不需要被强制或自律，会自发地想要学得更多。你看过小猫玩耍吗？小猫是在享受着它的生活的同时，学习狩猎所需的复杂技能的。

每个人天生就知道什么是乐趣和娱乐，什么是严肃或无聊的学习。但是可以将游戏体验的哪一部分引入学习环境来“游戏化”它呢？如果你已经玩过一款电子游戏，那你可能已经知道其中的一些理念了。

首先，游戏的基本理念是基于“逐步进步”的概念。在游戏中，你可以通过通关来赢取积分，或打败竞争对手。这种竞技过程中产生的方向感、目标感，甚至竞争感是非常重要的，孩子会因此知道进步的重要性，他们知道如何定义进步，也了解取得进步所需的步骤。

为了跟踪孩子的学习进度，老师可以使用各种在线学习网站。此类网站支持你在上面发布孩子的学习内容和作业，向孩子展示课程的进度和内容。孩子也可以通过这些平台提交作业、查看阅读材料、查询考试成绩，甚至向老师提问。在这些师生互动过程中，会产生一种进步感，因为总进度条中的数字是不断上升的。

其次，游戏通常包含围绕某些角色的叙事内容。同样地，将这个游戏理念应用于教学，你可以设定学生在某个固定领域活动，该领域可以是地图、棋盘或按时间顺序排列的故事；你也可以把课程设计成一个长篇故事。假如你教的是战争相关的历史，你不必把它仅仅当作一系列的事件来教授，你可以嵌入一些关于战争开始和战争进程的知识点和理论、人们现在和当时对战争的不同看法、战争中的一些有趣逸事等。更重要的是，随着孩子接受越来越高的挑战和在越来越复杂的关卡中移动，脚手架也就很自然地被搭建完成。这意味着孩子在不断“升级”，他们在掌握技能的过程中获得了清晰而明确的收获，如赢得徽章、解锁新工具的技能等。

此外，游戏的一个关键特征是游戏玩家可以自己控制玩法。虽然他们不设计游戏，也不制定游戏规则，但他们有权选择玩法并掌控结果。如果赌注够大难度够高，那么当他们完成这些挑战时，便能体验到一种被挑战后的成就感。游戏的一大吸引力在于，玩家的任何一个选择的影响通常都是立竿见影的，即有即时反馈。玩家可以立即看到自己选择之后造成的结果，并能够及时调整和学习，这让他们的行动变得更具相关性和有参与感，因为行为和结果之间建立了明确而直接的联系。

最后，许多游戏中被设计了大量合作元素，需要团队合作和战略沟通才能解决更大的问题。玩家在游戏过程中体验到的社交联系和共享乐趣会让手头的话题更有相关性和更有意义。

那么，我们如何将这些理念融入自己的课程中，使课程变得更有趣和更具吸引力呢？从广义上说，课程“游戏化”可以采取两条途径：你可以改变所教的实际内容，或者你可以改变内容呈现的机制或架构。例如，你尝试针对孩子正在学习的语言来教他们一些新词汇，那你就可以将不同的单词按级别分类，使用抽认卡来提示孩子回忆单词的意思。如果孩子说出了boss这个单词的意思，他们就可以进入下一个级别。

这就是将教学方法游戏化的一个例子，而课程的内容没有发生变化。你也可以设制更多的创意，引入更复杂的主题和想法。例如，你可以把自己和孩子定位为两个对立的玩家，双方必须以智取胜，你给出单词，他们用英语准确地定义attack这个词，这样他们可能赢得经验值，就好像他们在一个带有虚拟角色或计数器的棋盘上前进。正如你所看到的，词汇本身并不具备游戏中的战斗力，那是由你引入的，目的是使孩子更容易掌握现有内容，更乐于参与学习。

如你所见，游戏化实际上是一种通过内在激励来促使人们采取行动的方法，我们都可以在游戏化的学习过程中取得显著的成绩并完成挑战，最重要的是过程是愉快且有意义的。将你的教学方法游戏化不仅会激发孩子的学习动力并让他们真正记住所学的内容，还能使整个练习获得心理上的满足，让孩子意识到学习不一定要严肃和枯燥才能有效，它是多么自由的啊！

通过一种游戏化的方法来学习新知识和新技能，孩子设定用来指导自己学习的原动力，这是你可以从第一章的 5 种教学方法中认识到的。以孩子为中心，孩子掌控自己的学习并取得进步，在一个领域中尝试不同的东西，在前进的过程中不断调适，不必担心失败或惧怕可能导致的不良后果。作为一名老师，当你为孩子制订一个学习方法或课程计划时，你可以融入这种理念。问问自己，如何才能了解孩子不断变化的状态，并随着他们学习的不断进步给他们设置新的挑战？

教育类游戏有点像是一个更简单、更安全的现实生活版本，在这一版本中，你可以发挥探索者的精神，将科学的方法应用到实际生活中。这是如何运作的？

为什么？你需要做些什么？你怎样才能从A到B？有什么规则限制了你的行为？回想一下之前讨论过的动机基础：

- 评估付出的努力会带来预期的结果或绩效变化的可能性。（你需要付出多少的努力？）
- 评估所有努力与预期结果直接相关的程度。（这项工作会给你带来什么？）
- 根据自己的需求和价值观，判断该结果对你个人的吸引力。（这个结果对你有多大价值？）

你很容易能看到游戏化方法是如何满足以上这些标准的，它不仅能激发孩子的学习动机，还能增加他们在学习过程中的趣味性。枯燥的学习内容不再被孩子被动地吸收，而是变成“第二玩家”在孩子学习的过程中与学生进行动态地互动，并给出回应。这更加有趣吧！

作为一名老师，当你尝试将课程游戏化时，你始终需要牢记自己的教学目标和方法，因为不是所有的游戏都有助于学习的。在每设计一项任务时，问问自己：

- 你是否设置了一个循序渐进的任务序列，并逐渐增加挑战难度？
- 你是直接向孩子解释清楚游戏的规则，还是让他们自己去发现游戏的规则（后者更有趣！）？
- 你的游戏是否包含即时反馈，这些反馈是否能让孩子改变学习行为并立即进行二次尝试？
- 你的游戏是否摆脱了内容原本的“严肃性”，即是否真的可以让孩子在不受惩罚的情况下尝试一些新的事情？
- 你是否清楚地告诉了孩子如何才能升级？设置的挑战是否符合他们的能力水平？
- 你是否清楚地列出了游戏的目标、目的和规则？如，你是否设置了清楚的参数来说明孩子在参与游戏时可以控制什么，不能控制什么？

在孩子参与一项任务时，仔细观察他们是感到沮丧或沉浸其中。如果你看到他们进步得太快，那就升级挑战，以防他们感到无聊。当孩子对你的运作模式过于熟悉时，你可以调整节奏，将难易不同的游戏任务混合起来。如此，在不知不觉中，他们就会置身于游戏和学习的“流程”中，似乎不费吹灰之力就可以玩上几个小时。

即使你还不能掌握如何使用游戏原理来教授某个特定的科目和特定的孩子，你也可以通过改变你的教学语言来实现更好的教学效果。例如，你告诉孩子，他们不是做表格和练习，而是完成某项任务；获得的不是分数，而是经验、排名或解锁隐藏关卡的机会；不是以小组为单位而是以战队为单位进行合作，等等。

3. 善于激励

有些老师对将课堂教学游戏化持反对态度，他们认为游戏化可能并不总是有效，而且它会给孩子造成完全错误的思维模式，即他们会更关注学习的外在动机而非内在动机。当你通过使用奖励和期望来激发孩子的学习动机时，你自己可能也想过这个问题。如果你鼓励孩子实施某一行动，只是因为你认为这一行动会带来激励作用，那你真的能创造持久的动力吗？这真的是吸引孩子学习的最有用的方式吗？

内在动机和外在动机的区别很简单：当你受到内在动机的激励时，你的行为是由自己的感知、态度或信念所驱动的；当你受到外部激励时，你的行为是由一些外部力量（如奖励或惩罚）所驱动的。这是为了自己而做某件事和为了获得其他东西而做某件事之间的区别。

那么问题来了，如果你在游戏中去掉所有竞争或挑战类的元素，还有什么可以激励孩子继续前进？毫无疑问，游戏化基于一种奖励系统，它完全依赖于外在动机，因此，它可能并不总是合适的，它也不像鼓励孩子独立地根据当前任务找到自己真正的、内在的价值评估那样有效。有些知识不是因为外在的效用而有价值的，而仅仅是因为它本身的价值。知识就是力量，不是因为它能帮助你实现某些结果，而是因为它能确保你成为一个有见识的人，让你知道一些其他人可能会因为觉得没有价值而忽略的事情。

如果你只想让孩子参与到学习中来并能持续集中注意力，没有什么比游戏化更好的方法了。但是，如果你想要在游戏的噱头消失后激发孩子对某一主题学习的真正热爱，那么游戏化可能还不够。理想的情况是孩子能独立自主地、真正地对学习内容感兴趣。但要做到这一点，他们需要感受到成功在自己的控制之中，他们所要掌握的是必要的技能，并且他们的目标是值得实现的（即我们之前提到的动机条件）。

当你发现并非每个人都会以同样的方式对游戏化内容做出反应时，情况就变得更加复杂了。“经典玩家”受到奖励和获胜欲望的激励后，可能会很乐意地进入竞争状态。“社牛”可能会从游戏中建立的关系和合作上获得更多的社交价值。“成功人士”几乎不关心机制，他们着眼于奖品，想要赢得它。“哲学家”可能更关心游戏的整体意义和价值，无论他们玩游戏的结果是赢是输。

换句话说，将课程游戏化并意味着就可以不再了解孩子的独特个性和偏好。有些孩子甚至对学习游戏化持否定态度，由此，奖励某种行为的“过度合理化效应”（当个体非常明显地是为了控制别人而事先付出与之不相称的报酬时就会发生过度合理化现象）会立即使这种方法看起来不太可取，而这些孩子在没有压力、竞争或外部激励的情况下可能会表现得更好。作为一名老师，你的工作包括仔细研究你的孩子是如何体验基于奖励的系统的。你要真正了解他们为什么要做某些事而不是其他事，了解他们的动机的深层来源。你肯定不希望引入一个实际上会降低孩子自然动机和兴趣的系统，或者提供一些对他们毫无意义的奖励。即使是那些觉得游戏化的活动很有吸引力的孩子，最终也会厌倦它们，去寻找更有意思的活动。像任何容易上瘾的东西一样，用户可以提高忍耐力，但也需要越来越多的奖励承诺来激励他们继续执行相同的行为！

仔细观察孩子的精力状况和兴趣所在，关注奖励对他们的表现的实际影响，你会发现他们可能开始只是在方格上打勾，去寻求奖励而不是专注于如何最好地完成手头任务。如果你看到孩子匆忙地完成一项练习只是为了赢得完成后的分数，而没有花时间细心地研究练习，那么游戏化可能就不起作用了。遗憾的是，没有什么可以替代偶尔的勤奋和努力。

与其他任何教学技巧一样，是否要将课程内容游戏化可以归结为一点：它在这种特定的情况下对提升孩子学习是有效还是根本无效？在这一点上，我们转向更广泛的学术环境的另一个方面，这个方面对孩子的表现有重大影响。

4. 学业浮力

学习的过程总是困难重重，即便对那些被认为是天生聪明甚至天赋异禀的人来说，亦是如此。对任何领域的学习都不像你想象中的那么轻松，至少在你想要达到精通的水平确是如此。可惜的是，许多人刚碰到一点儿困难，就放弃了前进的步伐。

学业浮力即你应对学业挫折和挑战的积极性、建设性和适应性反应。它是你克服内在学习障碍的关键。学习浮力并非像智力一样是人人天生具备的特质，而是一套可以学习的技能和可以培养的习惯，使你有能力突破挑战，继续学习。

自信是学业浮力的要素之一，它能让我们克服恐惧和焦虑。在第一章中，我们讨论了自信心是如何激发你的学习动力的。想象一下，如果你能将学业浮力的每一个要素都释放出来，那么即使面对再艰苦的学习经历，你也能够从容应对。

据悉尼大学和牛津大学的研究人员研究发现，学业浮力的要素可以通过5-C模型（five Cs）得以展现，它们分别是：沉着（低焦虑）、自信（自我效能感）、协同（计划性）、承诺（毅力）和控制（低失控感）。这5个C如果被充分发掘出来，孩子就会表现出良好的学业浮力。它们促进孩子学习，但并不局限于学习的范畴。

这5个要素大都与内容或信息本身无关，那为什么它们对克服与学习相关的障碍如此重要呢？显然，大多数学习障碍都与心态有关，信念和毅力才是决定一个人能否成为有效学习者的关键，它们的影响远远超过了本书中提到的任何一种教学方法，这可能就是所谓的“有志者，事竟成”。学习成绩是否优异，在很大程度上取决于孩子对待它的认真程度，然后才是如何以更高效且聪明的方式学习。

（1）沉着

沉着是指控制焦虑和最大程度降低焦虑的能力，

即在可能引起焦虑的情况（例如考试）下保持相对冷静的状态。在学习过程中感到焦虑，通常与你害怕被羞辱或者容易感到尴尬有关。如果别人看到你在学习某一领域的知识时，希望你向他们展示所学的知识怎么办？如果你在展示的过程中失败了怎么办？这种恐惧会将你彻底击垮。

对于孩子来说，当他们无法控制自己的焦虑情绪时，就会变得十分紧张，甚至被恐惧压得透不过气来。糟糕的是，这种由焦虑引起的恐惧感会影响他们的思维，妨碍他们学习和理解新知识。但好的一点是，这些恐惧是毫无根据的。

焦虑主要源自对失败的恐惧，因此最好的解决方法是直面它。当你感到恐惧时，一般都会想到最坏的情况。无论是什么样的“失败”，你都会觉得仿佛世界末日到了一般，这就是所谓的灾难化感受。在你忽视真实的结果而草率地得出极端的结论时，这种感受就会出现。

这种焦虑倾向可以通过控制自我暗示来克服。要承认消极的事情可能会发生，但同时也要明白自己的很多想法可能是非理性的，甚至是虚构的。要从消极的情绪里面跳出来，试着从其他角度看待问题和得出结论。

如果你发现自己或者孩子在因某些问题担忧，不妨以乐观的心态去克服这种担忧。如果你因为犯了一个错误而自责不已，不妨提醒自己这刚好是一个学习的机会，进行自我完善之后，下次就可以做得更好。任何消极的想法都可以被积极的、鼓励的、包容的和被接纳的方式替代，最后被克服。随着时间的推移，大脑逐渐接受这些积极的信号，并判断出它们比消极的、恐惧的想法更有利，进而对这些信号进行存储。如果你容易焦虑，坚持去改善这种状况，把这个“恶魔”打败，最终会获得自己需要的沉稳的学业浮力。

（2）自信

自信也被称为自我效能感，是指确信自己能够执

行一项特定任务的信念。当缺乏自信时，你很难高效地完成目标。你会怀疑自己、贬低自己，否定自己取得的任何进步。当出现这类情况时，常常是还未向其他人证实自己是个失败者,就已经放弃原定的目标了,但放弃本身也是一种失败。确认这些消极想法会让人心里坦然，但抛开疑虑去真正实现自己的目标会更让人更坦然，压力也会小很多。

如果你想提升自信心，可以运用以下两种方法：

第一种方法是自我暗示。当你的大脑告诉你，你是一个失败者，或者某一门学科对你来说太难时，你要坚定地反驳这种想法，并声明自己会坚持学习，随着时间的推移和自己的不懈努力,你终将会取得成功。如果你不断质疑那些消极的想法，它们真的就会逐渐消失。

第二种方法更具体，即设定目标。在你成功完成某项任务时，会自然而然地获得自信。成功的经历越多，就越会觉得之前对自己的怀疑没有根据。因此，重拾自信最快的方法，就是把自己的学习目标细化到每天，甚至每小时，然后再逐一实现它。当这种情况出现时，请恭喜自己吧！你实现的每一个小目标都会让你离最终目标更近一步。更重要的是，实现的每一个目标都表明你有能力和毅力去实现你为自己设定的目标。这表明你的自信是真实而合理的。

（3）协同

协同是指有效计划和管理时间的能力。当你不善协同时，往往会陷入“计划谬误”。这种谬误指出，大部分人不善于判断完成一项任务需要花费的具体时间，常常做出完成任务用时比实际用时要少的误判。更糟糕的是，当你做出这种误判时，就会因为觉得时间充足而推迟完成这些任务的时间，最后却往往因为时间不充足，导致任务无法完成。

你可以采取以下几个步骤来消除这种谬误，并将他们教授给孩子。首先，减少学习时的干扰，关掉电话，关上房门，并告知家人和朋友在某个时间段自己很忙，最好不要打扰自己。当你接到新任务或有新的课程要学习时，应该坚持消除学习环境中的干扰。其次，拖延容易导致延误，即刻去做才能帮助你充分利用所有的时间。最后，优先去做耗时长和难度大的事情，把它们放在最后去做，只会让你产生虚假的安全感，进而导致无法按时完成学习任务。优先完成它们，可能会让你觉得任务比想象中的更容易完成，甚至可以提前完成。

（4）承诺

承诺也被称为毅力，是激情和坚持的结合，即坚持完成任务、抵制干扰、根据反馈采取行动并从挫折中恢复的能力。拥有承诺特质往往让你及孩子更容易实现设定的学习目标。对很多人来说，进行一天或者一个星期的学习是很容易的，但若试图养成一种新的、长久的学习习惯，则往往会以失败而告终。你更愿意无所事事地躺在沙发上刷手机或看电影，而不是花更多的精力去提升自己，改善自己的学习和生活环境，结果只能维持原状。

与前两种要素相同，自我暗示对于加强承诺同样切实有效。说服自己行动，并拼尽全力去完成设定的目标。在你萎靡不振时，若其他人也用类似的方式支持你、鼓励你，同样能增强你的个人责任感，帮助你在精疲力尽时仍能砥砺前行。

最后，了解自己正在为之牺牲和做出承诺的事情将会带来行动的力量。如果没有感受到自己如何获益，或者会避免什么危害，你有时会失去行动的动力。加强承诺能够帮助自己实现什么梦想呢？一旦拥有了承诺特质，什么样的艰难困苦会被消除呢？了解了这些，你就会发现，眼前的困难与努力之后取得的成果根本无法相提并论。

（5）控制

控制是学业浮力的最后一个影响因素，即明白自己在多大程度上能够控制学习状况。这表现在不同的方面。首先，你应该相信自己有能力实现设定的学习目标。做不到这一点，你就会只是为了行动而行动，却永远不会接近设定的目标。在前面的章节中，我们谈到了这一点——没有人是真正的先天智力超群。或许，天才是有的，但是与在钟形曲线中间分布的99%的人都无关。只有努力，才会实现设定的学习目标，而奋斗是学习过程的重要组成部分。在学习的过程中，不适应是预料之中的事情，而且它总会出现。

其次，你应该对自己的学习过程有一种主人翁意识。当你对学习有所控制时，则会感受到那种个人责任感或主人翁意识，它促使你尽最大努力，在遇到挫折时还能继续前进。如果不去控制自己，工作和学习看起来就会像是徒劳无功的，如同浪费时间。而且你会觉得自己一直是在被告知的情况下去做事情，让情况变得很糟。

可以通过一定的方法解决上述问题，即积极主动地明确自己的目标是什么，并通过调整日常工作来实现它们。要掌握自己的命运，就去制订学习计划。你可以选择按照别人的期望、目标和计划去学习和生活，也可以为自己制订完全自主的目标。

学习本身并不是一项困难的事情。但是，缺少学业浮力，只会让你更容易失败。比起教学方法本身，这些个人因素才是有效学习的先决条件。

也许可以把学业浮力更好地定义为心理韧性：一种适应压力环境的能力。有此能力的人能够做到“顺势而为”，会尽快适应逆境而不会长期陷入困境；这一能力较低的人，无论压力是大还是小，承受压力和应对生活变化的能力都很弱。研究发现，那些更容易应对轻微压力的人也能更轻松地应对重大危机，因此，学业浮力对日常生活、学习以及罕见的重大灾难都会有好处。

心理学家苏珊·科巴萨（Susan Kobasa）指出了心理韧性的 3 个要素：

- 将困难视为一种挑战。
- 无论怎样都要致力于目标实现。
- 把努力和关注放在自己能控制的因素上。

心理学家马丁·塞利格曼（Martin Seligman）也提出了心理韧性的 3 个不同要素：

- 将消极事件视为暂时的和有限的。
- 不让消极事件左右自己或自己的态度。
- 不为消极事件过度责备或诋毁自己。把消极的情绪看作暂时的，而不是个人缺点。

很明显，这 6 个心理韧性因素中的任何一个因素都能够在实现你的学习目标中发挥作用。它们帮助你从失败中振作起来。失败是生活的一部分，你在失败后所做的一切决定了你的性格，并决定了你最终成功与否。

5. 预见失败

在多数情况下，人们会将成就与成功联系在一起：胜利、积极的结果和找到解决方案。但在学习中，取得成功的关键之一是经历失败。

有价值的失败是新加坡国家教育研究所研究员马努·卡普尔（Manu Kapur）提出的一个观点。这个观点建立在学习悖论的基础上：达不到预期效果的学习如果不比成功实现学习目标更具价值的话，至少也与它具有相同的价值。这并非给你情绪上造成的影响，而是对神经系统产生的影响。

卡普尔指出，灌输知识的公认模式——尽早给孩子提供知识架构和指导，并在孩子能够独立获得知识之前给他们提供可持续的支持，但这可能不是促进学习的最佳方式。卡普尔认为，尽管这种模式从直觉上讲是有道理的，但最好让自己或孩子在没有外界帮助的情况下自己学习。

卡普尔对两组孩子进行了试验。在一个小组中，孩子在老师的全面指导下解决了问题。第二组被给予同样的问题，但他们没有得到老师的任何帮助。与第一组孩子相比，第二组孩子必须通过自己合作来寻找解决方案。

第一小组的孩子能够正确地解决问题，而需要自己解决问题的第二小组的孩子则做不到。但在没有老师支持的情况下，第二组的孩子被迫通过合作，深入研究问题。他们触及了问题的本质，并推导出了可能合理的解决方案。他们试图了解问题的根源以及解决问题的方法，研究了多种解决方案，最终得到了对需要解决的问题的“三维”理解。

然后，卡普尔对这两组的孩子就他们刚刚学到的知识进行了测试，结果出乎预料。没有老师帮助的那组孩子的学习效果明显优于另一组。这一小组的孩子没有得出答案，却发现了卡普尔认为失败中的“隐藏功效”：通过小组研究及探索过程，他们对问题结构有了更深层次的理解。

第二组的孩子可能没有得到答案，但他们对问题的各个方面了解得更多。当这些孩子在今后遇到新问题时，比起被动接受老师传授知识的孩子，他们能够更有效地利用自己在摸索中获得的知识。

因此，卡普尔明确指出，在第二组孩子学习的整个过程中，重要的环节在于他们出现的各种失误和不断进行的摸索。当该组成员积极努力地探索时，他们获得了更多以后解决问题时所需要的知识。

卡普尔认为，有价值的失败成为有效学习过程的3个条件是：

- 选择那些“具有挑战性但不会令人挫败”的问题。
- 让孩子有机会解释和阐述他们的学习过程。
- 允许孩子比较和对比好的与坏的解决方案的差异。

努力是学习的一个积极条件，尽管它需要自律和延迟满足感，而且与人们的天性背道而驰。那么，怎样做才能让失败为自己和孩子服务呢？

在学习过程中，你很可能会遇到一两次失败，在这中间，还有“放弃”在诱惑你。你甚至会在开始学习之前就感觉到了这一点，这可能导致严重的焦虑，影响你的学习。

预见挫折，但不要害怕挫折：在制订计划时，最好提前预料到可能存在的挫折，但你也必须计划好如何应对可能遇到的挫折。提前计划好，或再设想一旦挫折发生时，如何去降低它的影响——通常情况下，你可以先停下来，休整一下，让自己从问题中暂时抽离出来。一个简单的暂停，往往就可以让你看到真实情况，从而更清楚地知道问题所在。更重要的是，它会直接减轻你当下的焦虑感，让你有机会以一种更放松的心态来重新面对这个问题。

这是一个在你遇到挑战和困惑时能否从容应对的问题，就好比在杂技表演时，同时向空中抛了 10 个球，表演者并不确定能否把它们都安然接住。

学习模式与结果模式不同，它们通往成功的方法也截然不同。当你想学习的时候，你只是想要获取更多的知识——任何知识的获得都是成功的学习。所以重新设定你的期望，让学习过程与学习结果变得同等重要，抑或让学习过程更加重要。

对于那些明确、静态的知识比如那些事实和日期等的学习来说，这个方法并不一定有用，因为没有必要。但是，对于那些有深度的、较难的知识的获取，就无法像插电一样，仅仅把它们塞进大脑，而必须使用正确的学习方法。而在这一过程中一定会遭遇失败。在某种程度上，失败所起到的作用就好像我们在前面的章节中讨论过的 PBL 学习法，它们会让你慢慢地了解什么是行不通的、什么是不正确的，从而对知识进行三角验证，然后达成理解。

失败成就了你下一步行动的蓝图。就如同一个测试没有按计划进行，却为你将来纠正错误做好了准备。比如，你在菜园里种了一些蔬菜，小心翼翼地按照种植的各种步骤和技术进行种植，可到了收获的时候，一些蔬菜并没有按照你预期的方式生长。

是因为你用的土壤有问题吗？那就尽自己所能

找出土壤有什么问题，以及它应该是怎样的。是因为植物之间的间距太近了，导致它们长势不好？那就去学学提升小空间种植效率的技术。

所有隐藏在问题背后的事实，是为了让你在生活和行动中可以避免失败。即便是学习，对于那些积极寻求成功的人来说，也会产生截然不同的结果。一种方式期待少走弯路、避免风险，而另一种方式则是为了达成目标、不计成本。失败虽然不是你的朋友，但不论你是否喜欢，它都会不时地与你相伴。考虑到这一点，采用那个可以承担风险的方法，或许才是正道，而且回报也会更大。

6. 免于评判

从某种程度上说，作为一名老师，你能教给孩子最好的一堂课，就是面对风险和失败时应该抱有一种健康的态度。你对于整个学习过程的心态会极大地影响孩子，向孩子传递学习的内容、价值是什么，等等。

如果说失败比成功能更有效地指导孩子的话，那就一定要谈谈在学习时如何面对失败的心态问题。

一个不做评判的学习环境，可以培养人们抵御失败的坚定态度。如果失败对学习过程如此重要的话，你就应该确保孩子有足够的自由去冒险并尝试新鲜事物，且不会因此而感到很愚蠢。评价是一种挑战自我的游戏，它把知识和学习当作彰显个性的行为，是“固定思维”的一部分，抑或是赢得辩论的武器。

问题在于，一方面，你会用是否成功评判自我价值和个人身份，而另一方面，你还是会经历失败、犯错、无知、拖延或失败，而这些又都是对自我认同的攻击，也对自身价值造成威胁。因此，你会说“我是个失败者”，而不是说“我失败了”。你可以看出哪种态度最有可能引导自我纠正且去更努力地学习。然而，拥有正确、从不犯错或远离失败的执念会降低你对逆境的适应能力，让人发生真正的转变并努力学习的可能性变得渺茫。

这是个矛盾：当你开始学习时，显然希望掌握更多的知识、有更强的洞察力和理解力，但这样做的代价往往是作为一个初学者拥有的经历——不断面对自己的无知和技能的缺乏。于是，能够容忍失败、容忍不确定性、模糊性和复杂性的元技能在这时就显得十分重要。一个优秀的老师会让孩子知道，他们可以放心地进行实验、尝试、失败、调整并提出各种问题，而不会影响他们的自我价值或身份认同。

你或许会想，学习真的必须是一个艰苦、会走很多弯路的过程吗？还有，成功带来的积极体验和自豪感，真的会给人带来巨大的动力吗？你可以想象，经常面对自己的缺点或失败，会让人丧失信心，以致越来越不想学习。为了更好地理解这种现象，我们看一看心理学家马西亚尔·洛萨达（Marial Losada）和芭芭拉·弗雷德里克森（Barbara Frederickson）提出的洛萨达比率这一概念。

洛萨达比率的核心是，积极情绪和消极情绪之间有一个固定的比率，符合这一比率时你的生活就会处于一种成功、平衡的状态。通过使用数学模型，他们发现这个理想的比率介于3到11之间，也就是说，当积极的评论、观点和感受等的数量比消极的数量多3～11倍时，你可以达到最佳成长的状态。

积极的反馈、奖励和支持都会起作用，但过多则会产生相反的效果。

洛萨达比率的部分内容是，批评、失败和反对对学习也有帮助，但过多的话，就会带来挫败感和困扰。那么，如果你体验到的正面信息大约是负面信息的3倍的话，就会茁壮成长。而当这个比例高于11倍时，也就是达到了“洛萨达线”（或称洛萨达比率），有利条件就消失了。

事实上，最初的洛萨达比率因为缺乏科学有效性而受到了严厉的批评，如今这一比率已遭到彻底驳斥。尽管如此，它的流行确实证明了，积极的情绪与消极的情绪需处于一个最佳平衡点是有一定价值的。

作为老师，你可以忽略这一理论背后具体的科学问题，但必须要认识到孩子在挑战与轻松、成功与失败之间有一个理想的比率。另外，任何一个孩子都是动态变化、无可替代的。对他们来说，这个比率或许每天都在变化，它或许取决于孩子当前所要学习的课程，但是大多数人在积极情绪大于消极情绪的情况下会做得更好，这是事实。

7. 了解反馈

每当你接触到新环境或接收到新信息时，你都会得到反馈。反馈的是简单的原因和结果，它让你知道行动后的结果。那么，作为一名老师，你要促进这一过程，有意识地给予孩子一些有意义的反馈，以支持、指导并鼓励他们。反馈与孩子的目标息息相关，就好像是一场对话，在相互的对话中，意义会渐渐显现。其实很简单：当孩子知道他们的行为对事情的整体情况带来什么影响时，他们就可以进行自我矫正，最终改进他们的表现、自我评价和认识水平。

不知从什么时候开始，无论孩子表现得究竟如何，对他们说“干得漂亮！”成为一件稀松平常的事。然而，空洞的、不走心的表扬，跟一个没有点评的分数一样毫无意义。作为一名老师，提供良好的、可操作的且有意义的反馈是一门艺术。与其说该用什么样的字句反馈，不如说如何给予反馈才是关键。我们都知道，夸奖比批评对孩子或许更有效，但高质量的反馈还应该具备一些其他的特征。

（1）尊重

孩子应该得到最起码的尊重和以礼相待，无论他们是谁。这样，反馈才能被接受，而不会变成人身攻击。例如，在一个男性占主导地位的工作场所，只有当女性员工真正感觉到她被告知的仅关乎她的表现而非她是女性这一事实时，反馈才可能有效。

（2）及时

反馈应尽可能及时地与事件关联。例如，不要等两周，再来评估项目的完成情况，你的反馈不能太“慢性子”。

要使反馈真正起作用，就需要经常性地、“小剂量”地提供反馈，过度评估会让孩子感到茫然，也会让本应避免的错误再次出现。

（3）具体

你要让孩子明确知道他们的问题，以及产生该问题的原因。模糊不清的反馈只会让他们感到紧张，甚至产生自我怀疑。要明确地告诉孩子哪些做对了，哪些需要改进，他们的表现与其他人或固定标准相比如何。最重要的是，他们可以采取哪些具体的措施改善这种情况。如果孩子只是觉得自己受到了侮辱或遭到了贬低，他们将不知道下一步该做什么，也不知道该如何改进。

（4）使用“三明治”法

一个有效的方法是从表扬开始，然后纠正错误，最后再以表扬结束。通过这种方式，反馈在积极的环境下得到缓冲，从而能更好地启发和鼓励孩子。例如，“你的开场很棒，呼吸控制得很好。虽然高音有点儿不稳，但你结尾的部分完成得很棒，特别是最后的副歌。”当然，赞美必须是发自内心的！

（5）说事实而不评价

“在这里展示你的作品更容易得到他人的认可”，比“嘿，你的作品展示得不错”的反馈更有效。它们之间的差别虽然很微妙，但前者鼓励了内部动机，并解释了为什么会被认可。孩子可以得出自己的判断，比仅仅被告知“你很棒！”会更让他们感到自豪。同样，你要将反馈的重点放在孩子的行动、技能或能力上，而不是个人属性上。你鼓励的是一种不断进步的心态，增加了对失败和错误的容忍度。因此，对孩子说“你仰泳的连贯动作真的越来越有力了”，比“你天生就是个游泳健将”更能给孩子带来自信，而且后者并不会打动孩子。出于同样的原因，你要尽量避免给出“你应该做什么”之类的建议。

（6）不要针对个人

如果一个孩子特别敏感，你可以使用不直接提及名字的方法给予反馈。也可以现场模拟一个错误，然后做自我评价，或者评价一个假设案例。你也可以根据孩子的个性，让他们互相点评，甚至对你的教学给出点评——这让学习过程像是一种相互协作，而不是老师一边倒地只对孩子进行评价。出于同样的原因，对孩子的表现不要给出你有多满意或不满意这样的反馈，因为你的感受不是重点！

（7）融为一体

你可以通过多种方式给予反馈，但要注意哪种反馈才是对孩子有用的，可以因人而异地调整沟通方式，让它最大限度地被孩子接收到。你在反馈时要再三考虑每一个孩子的内在动力，并尽力去调动他们的内在动力。例如，如果孩子一心想成功，你就可以强调成绩的相对排名。试着给出口头反馈，但也可以留字条，或者写个短小的、不起眼的书面反馈。有的时候，一个简单的微笑或竖大拇指就够了。有时，你甚至可以从你们双方都认识的一个第三方那里给出反馈。

即使你的反馈是友好的、合理的和透明的，你也要记住，批评始终让人难以接受，所以要充满善意，努力在真诚和同情之间取得平衡，避免一次性给出太多的信息，让孩子不知所措。

给予反馈可以让学习做出可行的调整，但这也是一种情感体验，因此要注意，给孩子留出空间，让他们以自己的方式消化你的意见。如果你的反馈从来不带评判的意味，孩子自然也不会这么做。这种中立的态度会鼓励他们将反馈付诸实践，好的反馈应该是可操作的。让孩子告诉你，他们打算如何对待你的建议，或是否采纳你的建议。这就如同是一种督促，让孩子可以集中注意力，快速摆脱任何潜在的尴尬或失望情绪。

更好的是，如果将你的反馈与有效的行动联系起来，你可以看到孩子的发展趋势。那么在下次评估时，你就可以给出一个最令他们满意的反馈："我能看到，你采纳了我的意见，你现在有了很大的改进，做得很棒！"针对你的每一条反馈，试着找到一个适当的机会让孩子来回应那些反馈，并真正做出有意义的改变。

良好的反馈有助于孩子内化自我评估的能力，并不断进行自我调整，还能让孩子懂得如何看待自己的进步。无论何时，也无论你给出何种反馈，正向的语言无疑是非常有力量的。再强调一遍，**关键不在于你说什么，而在于你怎么说。**好的反馈包含具体的、实在的细节，让孩子知道下一步该怎么做，但它也充满了情感因素。你的措辞表达了对孩子的尊重、支持和肯定。

与其说"我根本听不见你在说些什么"，不如说"如果你抬起下巴、大声说话，我能听得更清楚，这样你的激情才能从你的演讲中展现出来”。

与其说“这幅画可真糟糕”，不如说“我觉得你想把这些元素结合起来的想法可能没有奏效，而且我感觉这些颜色也没有能够把你的想法充分地表达出来”。

与其说“你总是伤到自己的原因是你握球棒的方式不对”，不如说“你觉得这样握球棒效果怎样呢？如果你试着把球棒举得高一点儿，会怎么样呢”？

反馈既不同于建议，也不同于评估。简单地说某物是好是坏，对孩子学习的提高并没有什么帮助。作为孩子日常生活的引导者，想想你在给予反馈时所担任的角色。即你的行动会产生一定的结果，那如果你想做好，就必须关注这些结果并做出相应的调整。你要关注孩子的行为带来的影响，并将其与设定的目标联系起来。通过持续不断反复做，你的孩子将有足够的机会刻苦钻研所学的内容，提升他们的理解能力和技能水平。当有疑问时，要更倾向于给予反馈而非说教，即采用综合教学法。

要检验自己提供反馈的能力，请定期问自己以下问题：

① 我给出的反馈是否与目标相关？当反馈能够解答这个问题时，反馈会更加明确。即我正在评估的行为使孩子离他们的既定目标更接近还是更远了？（让我们再一次清楚地知道为什么在学习中有明确的目标是如此重要。有时，仅仅提醒孩子要关注更大的目标就足够了。）

② 我的反馈是否具体且可行？是否提供了让孩子可以实际操作的意见或建议？批评孩子没有尽全力是没有用的。提出反馈意见的时候应避免评价、假设和期待，只强调简单的、客观的事实，以及根据反馈下一步该具体做些什么。

③ 我的反馈是否适合每一个孩子？反馈就是沟通，如果意见没有被真正地接收，就意味着沟通失败。

所以，我的孩子对我说的话能理解吗？

④ 我的反馈中是否包含关于任务、过程或表现等有用的信息呢？换句话说，我提供的信息是否能提升孩子的洞察力和为他们提供学习机会呢？

良好的反馈应该是：

- 清晰、有目的性、有意义且与先前的知识贯通。
- 专注于学习目标和成功的标准。
- 反馈发生在在孩子学习时。因此，口头反馈比书面反馈更有效。
- 向孩子提供如何达到标准，解释达到或未达到标准的原因。
- 提供改进策略。

哈蒂认为，在解决“我要去哪里？”“我要怎么去？”和“下一步该做什么？”等基本问题时，反馈非常重要。这些问题非常有用，因为它们可以缩小孩子目前的学习情况和学习目标之间的差距。另一种强有力的反馈形式，也是老师孜孜不倦期望获得的——孩子向老师展示他们已经学到的东西（形成性评价）。

老师定期在“我们做”和“你来做”阶段给予孩子指导性反馈，这是显性教学的一部分。重要的是，当老师为确保实现教学目标而立即纠正错误时，明确的指导往往强调错误的积极作用。如果老师能够创造一个自由的环境，让孩子可以没有压力地尝试犯错，那么这种“纠错练习”可以在课堂上取得更好的效果。

老师也会使用孩子的评估数据，并在课程全体会议中寻求孩子的反馈，作为对其教学实践有效性的反馈来源。在全方位的绩效改进过程中，也会征询孩子的反馈。

有研究表明，学习目标的设定以及老师对孩子表现的持续积极反馈，对他们的学习产生了强大且积极的影响。

画重点

HOW TO TEACH ANYTHING

- 孩子只有在有动力时才会学习，因此，老师有责任创造一个提供这种动力的学习环境。
- 人们会依据自己所需努力的程度、可能的结果和对结果的期望值来采取行动。老师可以通过提高学习目标及其过程的感知价值来激励孩子，同时在不破坏内在动机的情况下提高对积极结果的期望。
- 游戏化是一种将游戏元素引入非游戏情境（如学习）的方法。老师可以使用升级版“脚手架”，让孩子控制“游戏”，鼓励战略合作，并确保孩子不仅能从每一个行动中得到即时反馈，而且他们的游戏始终在一个充分理解的目的和对“规则”的期望所指导下进行。
- 学业浮力包括沉着、自信、协作、承诺和控制这5个特质。有了培养这些特质的心态，学习过程中的困难就会像学习内容本身一样容易被克服和掌握。

- 有价值的失败是指失败本身就是一位宝贵的老师，它比成功更能提高孩子的理解能力和对知识的掌握水平。老师可以给孩子树立一种对失败的最佳态度——它是正常的、可管理的，而且是切实有用的。
- 优秀的老师应该营造一种不受评判的学习氛围。这意味着要将孩子的表现与孩子的自我价值或身份认同分离开来，这样，失败和错误就不会被孩子视为是一种威胁或羞辱。当老师营造不评判的环境时，孩子会感到安全，可以在学习过程中探索、试验和大胆犯错。
- 反馈是学习环境的重要组成部分。好的反馈是具体的、有针对性的、及时的、有意义的、相关的和可以被孩子理解的，并且能为下一步的行动提供明确的和可操作的步骤。反馈是在对学习过程本身进行有意义的阐述的基础上所做出的判断、建议、表扬或批评。

概要指南

第 1 章 成为超级学习者必须知道的事

- 无论是在课堂内还是在非常规的课堂环境下，我们都可以利用这 5 种常见的教学方法让自己成为更好的老师。
- 建构主义教学法是从孩子已知的信息中建立知识和技能。为了将两个不同的概念联系起来，老师要将所教授的知识与孩子已知的知识进行联系，帮助孩子构建新知识。
- 综合教学法侧重于课程在现实世界中的实用性和适用性。新知识与现实语境的相关性越强，孩子就越有可能记住它。
- 协作式教学法利用小组成员之间相互合作的优势来

促进学习，即让小组内的孩子吸取每个组员的独特观点和知识，以达到相互学习和共同进步的目的。

- 探究式教学法是通过让孩子设计问题、给出解决方案、找到答案的过程来指导学习，也可以将三者进行某种组合来指导学习。
- 反思教学法是为你面前的孩子量身定制最适合他们的教学方法，定期花时间评估哪些方法有效，哪些方法无效。
- 大脑不是机器。认知负荷理论告诉我们，大脑的能力是有限的，你需要有策略地思考，如何在最大限度学习的同时减轻认知负荷。这可以通过多种方式来实现，但这些方式都要尊重大脑的规律，不能阻碍大脑自然学习的过程。同时，你还可以采取一些策略来吸引孩子的注意力，刺激他们的感官，如让材料集中在特定的主题上，尽可能多地重复信息。
- “脚手架”是以实现微小而渐进的提升为原则，从更小、更简单的概念或技能中构建更大的概念或技能。这可以概括为“我来做，我们做，你来做”，说明老师是如何逐渐地将控制权和掌握权交给孩子的。

第 2 章　建立学习的全局意识

- 优秀的老师知道如何“看到前方的图景”，他们对学习领域的理解使他们能够设定目标和参数，确定任务的优先级和制订任务计划，并评估孩子当前的理解程度。
- 思维导图是更复杂概念的简化模型，它可以清楚地标示出不同概念之间的联系。孩子和老师都可以通过绘制思维导图来找出知识差距、规划课程、学习课程并评估学习的有效性。
- 概念图由简化的信息块或信息片段组成，可以突出这些信息之间的关系或联系。一幅好的概念图能展示相关性，是简单、准确的，并且借鉴了现有的心智模型和知识。
- 一旦你确定了孩子已经知道的知识，下一步就是计划如何利用这些知识。在某些情况下，这很容易，因为你只需要教他们一些概念，帮助他们理解你想教他们的主题。不过，你也可以将概念图的使用与探究式教学法相结合，并对孩子已经知道的内容进行提问，以激发他们的好奇心和求知欲。

- 费曼技巧是一种大局观技术，它让老师和孩子都能认识到自己的知识盲点。首先确定一个概念，再用简单的文字写下对它的解释，然后找出解释失败或知识缺失的地方，再使用类比来填补空缺，即使用已有的心智模型来更好地理解新知识。
- 类比有助于学习，因为它将旧知识与新知识联系起来。可以用反义词、类型或特征进行类比，每一种都是用已经理解的概念来表达一个新的概念。类比的使用越多越好，因为它会启发更高层次的抽象思维。

第 3 章　掌握 5 种有效的学习方法

- SQ3R 方法是一种关注学习过程的方法，包括浏览（对材料进行概述）、提问（通过提出问题来指导你的学习，进而加深理解）、阅读（主动、仔细地获取材料或信息）、背诵（练习所学，在脑海中组织和巩固所学内容）和复习（根据你的总体目标，与开始时相比，评估你的进步程度）5 步。
- 布鲁姆分类法阐述了如何通过不断地累积和不断地

加深理解来掌握知识。它的6个层级包括记忆、理解、应用、分析、评估和综合。能否达到每一层级都取决于你对前一层级的掌握程度。作为老师，你要牢记这些层级，为孩子创造渐进式的挑战。

- 间隔重复或分散练习是加强记忆的一种方式。这一方法的原理是，在尽可能长的一段时间内，频繁地背诵或复习学习材料，而不是一次性地死记硬背，这样效果很差。使用这一方法的关键是让孩子自己不断地、间隔性地回忆所学内容。
- 康奈尔笔记法教孩子先做笔记，然后从这些笔记中提炼出关键主题和要点，最后总结他们的主要发现，基本上生成一个材料的概念图。这不仅能提高孩子的记忆力，还能加深他们对内容的理解。
- 有目的的注释是在阅读过程中所做的，但它实际上发生在阅读前、阅读中和阅读后。阅读应该是主动的和有针对性的，你需要事先知道自己为什么要阅读以及阅读后打算如何处理这些信息。有了这些目标，阅读才有了动力和重点，也就更容易选择适合阅读材料的注释方法，如突出显示、注释、符号等。

第 4 章　学会 4 种超级学习方法

- 一旦你掌握了一些简单的教学方法，你可能想尝试了解更高级的方法。例如，基于问题的学习法（PBL）是一种综合性的方法，孩子提出问题并运用它引导自己找到解决方案，从而获得更深入的理解。PBL 学习法可以让孩子对自己的学习负责，可以建构符合现实的、实用的和令人难忘的课程。
- 苏格拉底问答法是另一种基于提问的深度探究的方法。问题可以用来挖掘假设和偏见，探索更丰富的理解，充实观点，探索结果和含义，检验论点的更深层次的理论基础，甚至更仔细地审视问题本身。
- 苏格拉底问答法的关键是提出问题，以此给你的对话者或孩子提供足够的空间来表达他们的观点。一旦他们说出自己的想法，那就可以通过要求他们澄清、详细阐述他们可能未发掘出来的内容或质疑他们所说的内容来进一步推动他们继续探究。这些策略迫使他们通过暴露自己知识上的不足来学习和理解新概念。
- 批判性思维学习法对于理解更高级的概念来说是一

种很好的方法，因为它鼓励对一个人思考的质量和学习过程本身进行认知。批判性思维的特点是保持思想开放的态度，对模棱两可或不确定性保持宽容的态度，不认为任何事情是理所当然的。通常情况下，它遵循探究式学习法，即不断地问孩子一些问题，以刺激讨论和学习的方式来挑战他们的观点。

- 其他高级方法还有利用小组合作来辅助学习，如师生合作、思考 – 分组 – 共享、辩论、学生观察，或使用相关的视觉材料来辅助学习，如关系图、流程图、维恩图或故事板等。
- 所有这些高级的方法都要求孩子在学习中积极主动，老师不仅可以评估孩子对已学知识的理解程度，还可以提供有用的反馈。

第 5 章　创造理想的学习环境

- 孩子只有在有动力时才会学习，因此，老师有责任创造一个提供这种动力的学习环境。
- 人们会依据自己所需努力的程度、可能的结果和对结果的期望值来采取行动。老师可以通过提高学习目标及其过程的感知价值来激励孩子，同时在不破坏内在动机的情况下提高对积极结果的期望。

- 游戏化是一种将游戏元素引入非游戏情境（如学习）的方法。老师可以使用升级版“脚手架”，让孩子控制“游戏”，鼓励战略合作，并确保孩子不仅能从每一个行动中得到即时反馈，而且他们的游戏始终在一个充分理解的目的和对“规则”的期望所指导下进行。
- 学业浮力包括沉着、自信、协作、承诺和控制这 5 个特质。有了培养这些特质的心态，学习过程中的困难就会像学习内容本身一样容易被克服和掌握。
- 有价值的失败是指失败本身就是一位宝贵的老师，它比成功更能提高孩子的理解能力和对知识的掌握水平。老师可以给孩子树立一种对失败的最佳态度——它是正常的、可管理的，而且是切实有用的。
- 优秀的老师应该营造一种不受评判的学习氛围。这意味着要将孩子的表现与孩子的自我价值或身份认同分离开来，这样，失败和错误就不会被孩子视为是一种威胁或羞辱。当老师营造不评判的环境时，孩子会感到安全，可以在学习过程中探索、试验和大胆犯错。

- 反馈是学习环境的重要组成部分。好的反馈是具体的、有针对性的、及时的、有意义的、相关的和可以被孩子理解的，并且能为下一步的行动提供明确的和可操作的步骤。反馈是在对学习过程本身进行有意义的阐述的基础上所做出的判断、建议、表扬或批评。

未来，属于终身学习者

我这辈子遇到的聪明人（来自各行各业的聪明人）没有不每天阅读的——没有，一个都没有。巴菲特读书之多，我读书之多，可能会让你感到吃惊。孩子们都笑话我。他们觉得我是一本长了两条腿的书。

——查理·芒格

互联网改变了信息连接的方式；指数型技术在迅速颠覆着现有的商业世界；人工智能已经开始抢占人类的工作岗位……

未来，到底需要什么样的人才？

改变命运唯一的策略是你要变成终身学习者。未来世界将不再需要单一的技能型人才，而是需要具备完善的知识结构、极强逻辑思考力和高感知力的复合型人才。优秀的人往往通过阅读建立足够强大的抽象思维能力，获得异于众人的思考和整合能力。未来，将属于终身学习者！而阅读必定和终身学习形影不离。

很多人读书，追求的是干货，寻求的是立刻行之有效的解决方案。其实这是一种留在舒适区的阅读方法。在这个充满不确定性的年代，答案不会简单地出现在书里，因为生活根本就没有标准确切的答案，你也不能期望过去的经验能解决未来的问题。

而真正的阅读，应该在书中与智者同行思考，借他们的视角看到世界的多元性，提出比答案更重要的好问题，在不确定的时代中领先起跑。

湛庐阅读 App：与最聪明的人共同进化

有人常常把成本支出的焦点放在书价上，把读完一本书当作阅读的终结。其实不然。

时间是读者付出的最大阅读成本

怎么读是读者面临的最大阅读障碍

“读书破万卷”不仅仅在“万”，更重要的是在“破”！

现在，我们构建了全新的“湛庐阅读”App。它将成为你“破万卷”的新居所。在这里：

- 不用考虑读什么，你可以便捷找到纸书、电子书、有声书和各种声音产品；
- 你可以学会怎么读，你将发现集泛读、通读、精读于一体的阅读解决方案；
- 你会与作者、译者、专家、推荐人和阅读教练相遇，他们是优质思想的发源地；
- 你会与优秀的读者和终身学习者为伍，他们对阅读和学习有着持久的热情和源源不绝的内驱力。

下载湛庐阅读 App，
坚持亲自阅读，
有声书、电子书、阅读服务，
一站获得。

CHEERS

本书阅读资料包

给你便捷、高效、全面的阅读体验

本书参考资料

湛庐独家策划

- **参考文献**
  为了环保、节约纸张，部分图书的参考文献以电子版方式提供
- **主题书单**
  编辑精心推荐的延伸阅读书单，助你开启主题式阅读
- **图片资料**
  提供部分图片的高清彩色原版大图，方便保存和分享

相关阅读服务

终身学习者必备

- **电子书**
  便捷、高效，方便检索，易于携带，随时更新
- **有声书**
  保护视力，随时随地，有温度、有情感地听本书
- **精读班**
  2~4周，最懂这本书的人带你读完、读懂、读透这本好书
- **课　程**
  课程权威专家给你开书单，带你快速浏览一个领域的知识概貌
- **讲　书**
  30分钟，大咖给你讲本书，让你挑书不费劲

湛庐编辑为你独家呈现
助你更好获得书里和书外的思想和智慧，请扫码查收！

（阅读资料包的内容因书而异，最终以湛庐阅读App页面为准）

图书在版编目（CIP）数据

成为超级学习者 / (美) 彼得·霍林斯著；张莉译.
—北京：北京联合出版公司，2022.8
ISBN 978-7-5596-6294-1

Ⅰ.①成… Ⅱ.①彼… ②张… Ⅲ.①学习方法—通
俗读物 Ⅳ.①G791-49

中国版本图书馆CIP数据核字(2022)第106590号

北京市版权局著作权合同登记　图字：01-2022-1651

上架指导：教育 / 社会

成为超级学习者

作　　者：[美] 彼得 · 霍林斯
译　　者：张　莉
出 品 人：赵红仕
责任编辑：高霁月
封面设计：ablackcover.com
版式设计：寇　森

北京联合出版公司出版
（北京市西城区德外大街 83 号楼 9 层　100088）
唐山富达印务有限公司印刷　新华书店经销
字数 100 千字　147 毫米 ×210 毫米　1/32　7.5 印张　1 插页
2022 年 8 月第 1 版　2022 年 8 月第 1 次印刷
ISBN 978-7-5596-6294-1
定价：69.90 元
